INTERVENÇÃO MILITAR E DEMOCRACIA EM RISCO NA NOVA REPÚBLICA

Editora Appris Ltda.
1.ª Edição - Copyright© 2024 do autor
Direitos de Edição Reservados à Editora Appris Ltda.

Nenhuma parte desta obra poderá ser utilizada indevidamente, sem estar de acordo com a Lei nº
9.610/98. Se incorreções forem encontradas, serão de exclusiva responsabilidade de seus organi-
zadores. Foi realizado o Depósito Legal na Fundação Biblioteca Nacional, de acordo com as Leis nos
10.994, de 14/12/2004, e 12.192, de 14/01/2010.

Catalogação na Fonte
Elaborado por: Dayanne Leal Souza
Bibliotecária CRB 9/2162

S587i 2024	Silveira, Cláudio de Carvalho Intervenção militar e democracia em risco na nova república / Cláudio de Carvalho Silveira. – 1. ed. – Curitiba: Appris, 2024. 119 p. : il. ; 21 cm. (Coleção Ciências Sociais). Inclui referências. ISBN 978-65-250-6307-2 1. Forças armadas. 2. Brasil. 3. Democracia. I. Silveira, Cláudio de Carvalho. II. Título. III. Série. CDD – 321.8

Livro de acordo com a normalização técnica da ABNT

Appris
editora

Editora e Livraria Appris Ltda.
Av. Manoel Ribas, 2265 – Mercês
Curitiba/PR – CEP: 80810-002
Tel. (41) 3156 - 4731
www.editoraappris.com.br

Printed in Brazil
Impresso no Brasil

Cláudio de Carvalho Silveira

INTERVENÇÃO MILITAR E DEMOCRACIA EM RISCO NA NOVA REPÚBLICA

Appris
editora

Curitiba, PR
2024

FICHA TÉCNICA

EDITORIAL
Augusto Coelho
Sara C. de Andrade Coelho

COMITÊ EDITORIAL
Ana El Achkar (UNIVERSO/RJ)
Andréa Barbosa Gouveia (UFPR)
Conrado Moreira Mendes (PUC-MG)
Eliete Correia dos Santos (UEPB)
Fabiano Santos (UERJ/IESP)
Francinete Fernandes de Sousa (UEPB)
Francisco Carlos Duarte (PUCPR)
Francisco de Assis (Fiam-Faam, SP, Brasil)
Jacques de Lima Ferreira (UP)
Juliana Reichert Assunção Tonelli (UEL)
Maria Aparecida Barbosa (USP)
Maria Helena Zamora (PUC-Rio)
Maria Margarida de Andrade (Umack)
Marilda Aparecida Behrens (PUCPR)
Marli Caetano
Roque Ismael da Costa Güllich (UFFS)
Toni Reis (UFPR)
Valdomiro de Oliveira (UFPR)
Valério Brusamolin (IFPR)

SUPERVISOR DA PRODUÇÃO
Renata Cristina Lopes Miccelli

PRODUÇÃO EDITORIAL
Daniela Nazario

REVISÃO
Camila Dias Manoel

DIAGRAMAÇÃO
Ana Beatriz Fonseca

CAPA
Carlos Pereira

REVISÃO DE PROVA
Sabrina Costa

COMITÊ CIENTÍFICO DA COLEÇÃO CIÊNCIAS SOCIAIS

DIREÇÃO CIENTÍFICA
Fabiano Santos (UERJ-IESP)

CONSULTORES
Alícia Ferreira Gonçalves (UFPB)
Artur Perrusi (UFPB)
Carlos Xavier de Azevedo Netto (UFPB)
Charles Pessanha (UFRJ)
Flávio Munhoz Sofiati (UFG)
Elisandro Pires Frigo (UFPR-Palotina)
Gabriel Augusto Miranda Setti (UnB)
Helcimara de Souza Telles (UFMG)
Iraneide Soares da Silva (UFC-UFPI)
João Feres Junior (Uerj)

Jordão Horta Nunes (UFG)
José Henrique Artigas de Godoy (UF
Josilene Pinheiro Mariz (UFCG)
Leticia Andrade (UEMS)
Luiz Gonzaga Teixeira (USP)
Marcelo Almeida Peloggio (UFC)
Maurício Novaes Souza (IF Sudeste-
Michelle Sato Frigo (UFPR-Palotin
Revalino Freitas (UFG)
Simone Wolff (UEL)

Aos meus amados pais, Selir Silveira (in memoriam) e Jurema Silveira (in memoriam). Sem eles, teria sido impossível a realização deste trabalho!

À minha amada filha, Mayara Silveira. Inefável! De igual modo, às minhas irmãs Márcia Silveira (in memoriam) e Marta Silveira, e à minha sobrinha Julia Bejder.

AGRADECIMENTOS

Aos meus amigos e parentes que compartilharam comigo os vários momentos deste trabalho, dando estímulo e apoio. A lista é grande para mencioná-los todos...

Quando a edição eletrônica de textos e a internet ainda eram novidades no Brasil, nos anos 1990, tive ajuda de alguns. Assim, agradeço a Selmi Aquino e Maria Cândida Becker, pela ajuda na infraestrutura. Igualmente, ao Nelson Minoru e à Sun Kim.

AGRADECIMENTOS ESPECIAIS

Ao Prof. Dr. Bernardo Sorj, pela imensa paciência para comigo; sempre amigo e companheiro. Sua orientação foi a melhor possível, e muito obrigado é pouco para agradecer. Ao Prof. Dr. René A. Dreifuss (*in memoriam*) e ao Prof. Dr. José P. Bandeira; suas sugestões e atenção me ajudaram muito desde o início. Espero tê-las aproveitado satisfatoriamente.

Ao Conselho Nacional de Desenvolvimento Científico e Tecnológico (CNPq) e à Coordenação de Aperfeiçoamento de Pessoal de Nível Superior (Capes), pela manutenção dos meus estudos na época em que fiz a pesquisa original desta publicação.

Aos meus colegas, professores e alunos da Universidade do Estado do Rio de Janeiro, da Universidade Estadual de Campinas e da Universidade Estadual Paulista "Júlio de Mesquita Filho", que têm acompanhado minha trajetória acadêmica por muitos anos.

*Será que nunca faremos senão confirmar a incoerência da América católica,
que sempre precisará de ridículos tiranos?*

*Será, que será, que será, que será... Será que esta minha estúpida retórica terá
que se soar, terá que se ouvir, por mais de zil anos?*

(Caetano Veloso)

Vai passar nessa avenida um samba popular...

(Chico Buarque)

APRESENTAÇÃO

Esta obra é uma análise da situação das Forças Armadas brasileiras no final de um período de transição política para a democracia conhecido como Nova República, situação essa tal qual definida na nova Constituição, promulgada em 5 de outubro de 1988.

A questão central da investigação é que a posição então ocupada pelos militares põe em risco a democracia, então institucionalizada, e passa a conferir a eles uma postura tutelar em relação ao Estado e à sociedade. Tal postura dá condições para eles intervirem na ordem social e política, impondo limites ao seu funcionamento e mantendo a expectativa de um golpe militar, na possibilidade de alteração dessa ordem. Em suma, procuro demonstrar que o poder militar tem uma identidade intervencionista que se mantém forte e atuante, apesar de a ditadura ter chegado ao fim.

Essa identidade intervencionista é manifesta no discurso e na ação política assumidos pelos militares no decorrer desse período de transição. O discurso é formado pela combinação do pensamento positivista e da Doutrina de Segurança Nacional. A ação política é feita via pressões variadas às decisões do governo e um singular e eficaz "lobby" feito pelos militares aos deputados e senadores na preparação da nova Constituição, com a finalidade de garantir os interesses políticos gerais e ganhos específicos da corporação militar.

Para fundamentar tal argumento, são descritos e analisados os pronunciamentos das lideranças militares e civis envolvidos no processo de discussão e decisão sobre o problema da destinação constitucional das Forças Armadas e a existência da democracia no Brasil.

O autor

LISTA DE SIGLAS E ABREVIATURAS

ABDD - Associação Brasileira em Defesa da Democracia

ANC - Assembleia Nacional Constituinte

CDN - Conselho de Defesa Nacional

Ciex - Centro de Informações do Exército

CSN - Conselho de Segurança Nacional

DMEN - Doutrina Militar do Estado Novo

DSN - Doutrina de Segurança Nacional

ESG - Escola Superior de Guerra

Emfa - Estado-Maior das Forças Armadas

EUA - Estados Unidos da América

FA - Forças Armadas

FAZ - Forças Armadas Societárias

MD - Ministério da Defesa

OEA - Organização dos Estados Americanos

ONA - Objetivos Nacionais Atuais

ONP - Objetivos Nacionais Permanentes

ONU - Organização das Nações Unidas

PCB - Partido Comunista Brasileiro

PCdoB - Partido Comunista do Brasil

PDC - Partido Democrata Cristão

PDS - Partido Democrático Social

PDT - Partido Democrático Trabalhista

PFL - Partido da Frente Liberal

PL - Partido Liberal

PMDB - Partido do Movimento Democrático Brasileiro

PMN - Partido Municipalista Nacional

PNRA - Plano Nacional de Reforma Agrária
PSB - Partido Socialista Brasileiro
PSDB - Partido da Social Democracia Brasileira
PT - Partido dos Trabalhadores
PTB - Partido Trabalhista Brasileiro
RDE - Regulamento Disciplinar do Exército
SNI - Serviço Nacional de Informações
STF - Supremo Tribunal Federal
SPA - Sociedade Política Armada
UNDD - União Nacional em Defesa da Democracia
UDR - União Democrática Ruralista

SUMÁRIO

INTRODUÇÃO...19

1
DISCUSSÃO TEÓRICA: A IDENTIDADE
DAS FORÇAS ARMADAS..35

2
DISCURSO DAS FORÇAS ARMADAS 49
2.1 O POSITIVISMO...49
2.2 A DOUTRINA DE SEGURANÇA NACIONAL 58

3
AÇÃO POLÍTICA DAS FORÇAS ARMADAS..69
3.1 O "LOBBY" MILITAR 70
   3.1.1 A função constitucional...74
   3.1.2 A anistia...92
3.2 AS PRESSÕES GERAIS..98

CONSIDERAÇÕES FINAIS...109

REFERÊNCIAS...113

INTRODUÇÃO

As ciências sociais dedicaram-se, corretamente, no rumo dos novos tempos, a analisar a participação de novos atores políticos, como os movimentos sociais urbanos, de minorias, o novo sindicalismo etc., com a preocupação de olhar para sua organização interna e vinculá-la à conjuntura democratizante do país. Mas é preciso considerar que as possibilidades de uma nova relação Estado-sociedade passam, necessariamente, pelo tratamento dado a uma corporação que se pretende autônoma diante do restante do Estado e, mesmo reivindicando suas raízes na sociedade, tem certas desconfianças a respeito dela: as Forças Armadas (FA).

É importante discutir as FA, para tentar acabar com o preconceito e o temor que possam ainda existir nos meios acadêmicos e na sociedade a seu respeito. É claro que o temor e o preconceito são justificados pelo papel assumido pelos militares nestes últimos anos por meio da censura e da repressão. Contudo, os novos ventos "democratizantes" oferecem uma singular oportunidade para iluminar esse território ainda obscuro para muitos cidadãos.

Com este livro pretendo analisar a situação das Forças Armadas no Brasil e sua atuação no processo de transição política para a democracia, a partir do advento da Nova República[1] até a promulgação da nova Constituição – oficialmente entendida como um importante marco do final dessa transição. Para a democratização do país concorreram vários atores políticos: as Igrejas, os sindicatos, os movimentos sociais, e demais entidades da sociedade civil, além dos

---

[1] A Nova República é o período de democratização da transição política que se seguiu ao da ditadura, de governo militar, instituída a partir do golpe civil-militar de 1964. Ela iniciou-se em 1985, com a posse de José Sarney (PMDB-MA) na Presidência da República, como o primeiro governo civil depois de uma sucessão de presidentes militares desde o referido golpe. Ele era o vice-presidente eleito e tomou posse na Presidência depois da morte de Tancredo Neves (PMDB-MG), que havia sido eleito indiretamente para o cargo com Sarney. Havia, então, muita polêmica jurídico-política porque muitos entendiam que houvera outro golpe, com participação das elites civis e da cúpula militar: deveriam ser convocadas novas eleições pelo processo direto, em vez de o Congresso Nacional dar posse a Sarney na Presidência.

partidos políticos, todos procurando apresentar propostas referentes à condução da transição e discutindo a nova ordem político-social que foi consagrada pela nova Constituição.

Entretanto, os militares tiveram uma participação destacada nesse período, porque, mesmo tendo deixado o controle direto do poder político com o fim da ditadura, permaneceram como parte integrante do centro de decisões, conduzindo a transição com a elite civil. As próprias FA se posicionaram como sua fiadora, não abandonando a formulação feita ainda no início de que ela seria lenta, gradual e segura. Nesse sentido, a característica que marcou a transição política brasileira era a de ser feita "pelo alto"[2], conforme tem sido, via de regra, a tradição republicana do país, inclusive com a participação efetiva dos militares. Mesmo admitindo alguma mobilização da sociedade, é necessário ressaltar que os seus limites já estavam impostos pela lógica do regime. Por isso, aquilo que se conhece por democratização deve ser considerado como liberalização, porque, a despeito de alguns ganhos obtidos, não houve real alternância do poder político[3]. A tática que deu início à abertura política persistiu até o fim da transição: liberalizante e restritiva (porém sem surpresas para os estrategistas do regime). Restou ainda um "quantum" de ditadura que conserva a permanência do poder político não só por causa da falta de eleições, mas porque não se tratou devidamente da situação dos militares, pois não houve um desengajamento deles da vida política. Nem mesmo a Assembleia Nacional Constituinte (ANC) deu um tratamento adequado à questão[4].

---

[2] Faço aqui um contraponto a algumas considerações feitas por DINIZ, E. A transformação política no Brasil: uma reavaliação dinâmica da abertura. *DADOS*, Rio de Janeiro: IUPERJ, v. 28, n. 3, 1985.

[3] A diferenciação entre liberalização e democratização foi bem posta por: STEPAN, A. *Os militares*: da abertura à Nova República. Rio de Janeiro: Paz e Terra, 1986, p. 12.

[4] No decorrer deste texto, utilizo tanto a expressão "Congresso Constituinte" como "Assembleia Nacional Constituinte", ou simplesmente "a Constituinte". Isso porque o diploma legal convocatório deu poderes constituintes ao Congresso Nacional, em vez de criar uma Assembleia Constituinte, independentemente daquele e com a única finalidade de redigir a nova Constituição que veio a ser promulgada em 5 de outubro de 1988. Ela foi apelidada de "Constituição Cidadã" pelo então presidente da Câmara dos Deputados, Ulysses Guimarães (PMDB-SP).

Pôr em discussão a situação das FA é pôr em discussão o próprio país, na medida em que elas são uma instituição bastante marcante na vida social e política do Brasil, ainda mais após todo o período em que ocuparam ostensivamente o poder. As marcas por elas deixadas não desaparecem em tão pouco tempo. Essas marcas estão não só no Brasil, mas em toda América Latina, que, simultaneamente, passou pela mesma conjuntura autoritária em vários países. A importância do Brasil no continente é grande, a ponto de repercutir e influenciar outros países; assim como o panorama social e político da América Latina faz compreender melhor o que se passa no Brasil. Nesse contexto, o problema das FA é parte do problema do autoritarismo expresso de várias formas nas sociedades latino-americanas, em vários períodos da sua história[5], ora por civis, ora por militares ou ambos conjuntamente.

Países como Argentina, Uruguai e Chile, assim como o Brasil, necessitam pensar seriamente a respeito de suas FA, porque disso depende, em boa medida, o rumo que a democracia tem do presente para diante. Pois em nenhum desses países o processo de transição se deu sem a interferência direta dos militares; sem que houvesse uma determinada negociação com eles, no mínimo para que a "volta aos quartéis" ocorresse da forma menos traumática possível. Apesar de assumir em cada um desses países características particulares e distintas, tanto no período ditatorial como na transição, houve questões gerais relevantes para todos, tais como as possibilidades legais ou não de intervenção na ordem interna, o desmantelamento dos órgãos de segurança e informação (ou a desmilitarização deles), punição ou não de torturadores, redimensionamento e maior preparo técnico-profissional dos efetivos, remodelação dos centros de adestramento militar, modernização dos equipamentos de guerra mobilizados contra agressão externa etc.

---

[5] Para uma compreensão melhor da questão do Estado e das FA na América Latina, ver: ROUQUIÉ, A. *O Estado militar na América Latina*. São Paulo: Alfa Omega, 1984. E, quanto à relação do autoritarismo com o poder militar, ver: TREVISAN, L. *Instituição militar e Estado brasileiro*. São Paulo: Global, 1987. (Cadernos de Educação Política, n. 2).

Em suma, saber da importância de analisar a situação militar, seja no Brasil, seja na América Latina, remete à pergunta sobre o que fazer com uma corporação cujo objetivo é a guerra, num continente consideravelmente longe de conflitos internacionais, após terem se dedicado a uma atividade diretamente política durante vários anos.

Para compreender essa questão, é necessário recorrer à discussão do "desemprego estrutural" das FA: segundo alguns autores, no papel das FA, houve uma mudança a partir do momento da intervenção em que assumiram o poder. Isso ocorreu porque adotaram e adaptaram a doutrina de guerra revolucionária e passaram a dar ênfase à segurança interna, ou seja, assumiram um papel explicitamente político no plano interno. Desde então, a própria sociedade não ofereceu aos militares um papel adequado à democracia e alternativo a suas funções clássicas[6]. Seria, portanto, irrealismo pretender manter a profissionalização para a guerra como a única atividade dos militares, mesmo porque, em casos como o do Brasil, os militares nunca se dedicaram exclusivamente a ela, mas se dedicaram também à política.

Ora, se as FA sempre tiveram e deverão continuar a ter uma atuação política interna, quem deve determiná-la daqui para diante: os civis, os militares ou os dois, de comum acordo?

A resposta a essa pergunta tem implicações significativas na esfera civil, pois a atividade política é naturalmente dos cidadãos e a eles cabem as atribuições de administrar o Estado, enquanto instância política em todas as suas partes. Mas não foi isso o que ocorreu, necessariamente, no caso do Brasil e dos outros países latino-americanos. Ao analisar a situação das FA, é preciso ter em mente que ela é uma questão central para a construção e a permanência da democracia no continente. Ou seja, a questão democrática só pode ser resolvida quando for, da mesma forma, resolvida a situação dos militares, sem a qual é inviável qualquer projeto político que queira se consolidar.

---

[6] COELHO, E. C. A Constituinte e o papel das Forças Armadas. *Política e Estratégia*, Rio de Janeiro, jul./set. 1985.

Seguindo esse raciocínio, percebe-se que esta discussão desemboca num novo ordenamento jurídico e político que poderia ter surgido da nova Constituição. Por isso, cabe analisar aqui as diversas implicações constitucionais da situação das FA. A importância recai não somente sobre que atribuição legal destinar, mas, também, a tudo o que se refira direta ou indiretamente aos militares, enquanto corporação e aos seus interesses como atores políticos. Assim, a componente militar foi bastante importante para a tomada de decisões a respeito de vários pontos mais ou menos polêmicos da nova carta constitucional. Nesse sentido, portanto, privilegiar a discussão constitucional para entender melhor a situação das FA na transição política, também ajuda a entender o caráter da transição e seus desdobramentos.

A hipótese central deste trabalho é a seguinte: a característica básica da situação das FA é a de que elas assumiram uma identidade intervencionista, que se manifestou de forma indireta e tutelar em três áreas de sua atuação, preservadas após a ditadura: o discurso, a ação política e a estratégia militar. A manutenção dessa identidade põe em risco a democracia.

O discurso das FA, relacionado à maneira de interpretar o mundo, tem por base a Doutrina de Segurança Nacional (DSN), elaborada pela Escola Superior de Guerra (ESG), e os resquícios do pensamento positivista, que inspirou boa parte das ações militares ao longo da República. A corporação militar assumiu esses dois referenciais teóricos e forjou uma autoimagem com as seguintes características: o messianismo, a aspiração do Brasil-potência e uma concepção de um determinado e discutível caráter nacional.

O intervencionismo militar se dá à medida que as FA tomaram parte de todos os setores da vida nacional, extrapolando suas funções estritamente militares a ponto de opinarem, discutirem, pressionarem e imporem limites às decisões político-administrativas do governo e ao processo de transição política, sobretudo ao trabalho do Congresso Constituinte. Isso ocorreu porque os militares há muito gozam de autonomia, enquanto corporação, diante do Estado e da sociedade. Os militares possuem interesses e cosmovisão próprios, levando a uma postura bem definida e independente em relação a ambos – o que gera conflitos ocasionais. Assim, construíram ao longo do tempo o seu próprio Estado, forjaram uma instituição que está acima das outras instituições sociais e vêm a si mesmos como garantia de estabilidade e fiadores do processo de transição política. Então, consideram-se acima de qualquer um dos poderes constitucionais (embora tenham o presidente como seu comandante-em-chefe supremo), além de posicionarem-se como um "poder moderador" e arbitral que existe para dirimir os conflitos e impasses da ordem social. Ademais, possuem um grau de coesão interna para executarem todas as funções do que se chamou a "expressão militar do poder nacional". Segundo a concepção do *Manual básico* da ESG, são fatores básicos da expressão militar, além dos fatores psicossociais, os políticos e econômicos, a ciência e tecnologia.

Porém, a ação política se dá não só em função das atribuições constitucionais, mas também nas demais áreas de atividade política que seria naturalmente de competência dos civis. Nesse caso, as FA não só desenvolveram um poderoso e competente "lobby" para atuar na Constituinte visando a aprovação de propostas de seu interesse, mas também pressionam constantemente os parlamentares em todos os campos da vida nacional. Com isso, jogaram seu peso consideravelmente grande e específico para determinar o que, segundo a sua concepção, poderia ser feito. Por essa razão, os militares interferiram em várias questões polêmicas da Constituinte para assegurar os rumos da transição (mandato e forma de governo) e não perturbar a "ordem" (reforma agrária, jornada de trabalho, estabilidade). Além disso, interferiram em decisões governamentais naquele período (política salarial, greves, lei para informática etc.).

A estratégia militar se pautou por mudanças específicas em cada uma das três Forças, modernização das atividades profissionais de defesa, equipamentos e reorganização de efetivos. Entretanto, a estratégia militar não se referia somente ao problema da guerra externa, e sim, também, à interna. Isto era e é concebido pelos militares como um problema de ação política, já que, no caso das

FA brasileiras (principalmente o Exército), a manutenção da ordem interna pressupõe alguns itens supracitados sobre a condução da estratégia militar.

A abordagem teórica que utilizo neste trabalho toma as FA em seu conjunto, sem fazer distinções profundas entre Marinha, Exército ou Aeronáutica. Ainda que existam diferenças de algumas posições, além do próprio espaço físico em que elas atuam e de formação histórica de cada uma das Forças, muitas vezes, elas têm recebido por parte da literatura sociológica esse tratamento global e, da mesma forma, são assim referidas na Constituição e nos documentos oficiais. Não há razão de minha parte que leve a modificar esse tratamento. Isto porque os militares atuam fazendo jus ao passado e ao presente da nossa história republicana: costumam-se manifestar conjuntamente deixando explícita a coesão da corporação tanto para a tropa como para os paisanos.

Sobre os militares, há, basicamente, duas perspectivas teóricas distintas na referência às suas características gerais: a perspectiva organizacional e a concepção instrumental[7].

A perspectiva organizacional trabalha com a ideia de que as organizações são unidades básicas de estratificação social, descrevendo sua vida a fim de explicar seu comportamento político por meio:

1. do peso crescente de interesses e necessidades da própria organização como fatores do seu comportamento político;

2. da crescente autonomia em relação à sociedade civil em geral e outras organizações em particular;

3. do progressivo "fechamento" em relação à sociedade civil.

A "perspectiva organizacional" tem relação com a concepção de Goffman[8] sobre as "instituições totais" por causa do destaque que dá à questão da construção de uma identidade própria e de

---

[7] COELHO, E. C. *Em busca da identidade*: o exército e a política brasileira. Rio de Janeiro: J. Olympio, 1976, p. 17-31.

[8] GOFFMAN, E. *Manicômios, presídios e conventos*. São Paulo: Perspectiva, 1987.

autonomia relativa em relação aos demais grupos e à sociedade em geral. Segundo Edmundo Campos Coelho, essa perspectiva foi utilizada por ele mesmo, além de outros autores, como José Murilo de Carvalho e Morris Janowitz, em seus trabalhos sobre os militares[9].

A "concepção instrumental" relaciona os interesses da corporação militar ao de alguma classe social, agindo para a realização e manutenção de seus objetivos no conflito com outras classes. Costuma-se, nesse caso, dizer que:

1. FA são um braço armado da classe dominante (oligarquia);

2. representam os interesses da classe média;

3. são vistas como um poder moderador para regular os conflitos de classe por meio de intervenção, respaldadas na opinião pública dominante.

Autores como Joseph Num, Samuel Huntington, Octavio Ianni, Hélio Jaguaribe, entre alguns outros, são adeptos desse tipo de concepção, segundo Coelho[10].

Penso que é possível trabalhar com aspectos de ambas, pois são necessários para suscitar as questões relevantes ao desenvolvimento de minha argumentação, conforme pretendo demonstrar mais adiante. Dessa forma, entendo que a situação das FA deve ser considerada em sua especificidade, seus interesses enquanto corporação, sua autonomia, visão própria da realidade e seus dilemas enquanto atores políticos. Por outro lado, não se pode descartar a possibilidade de atuarem como representantes da classe dominante: "intelectuais orgânicos" e componentes do aparelho de Estado, do poder político; ou que, no mínimo, as FA aliam-se a outros grupos

---

[9] COELHO, 1976.
[10] *Ibidem.*

para alcançarem objetivos comuns, como no caso de 1964 – mesmo oriundos de diversas classes, uniram-se à elite econômica[11].

Há vantagens em adotar as duas perspectivas combinadamente, pois fazem entender melhor a relação entre a corporação militar e a sociedade, e a interdependência da ação de ambas. Mesmo que haja interesses próprios que motivam sua ação, as FA não agem num vazio, senão dentro da realidade social. Por outro lado, elas são um estamento passível de sofrer as influências do contexto histórico--social onde se encontram, bem como as pressões e interesses dos grupos sociais.

Daí a necessidade de levantar questões próprias à organização militar, que só têm sentido quando relacionadas a estrutura e organização social. Assim como numa sociedade tal qual a brasileira, todas as questões a ela referentes são diretamente relacionadas com a situação dos militares; e o seu comportamento político frente ao Estado e à Nação.

Em suma, se não se pode considerar que os militares são pura e simplesmente manipulados por interesses políticos externos, também não é correto dizer que sua autonomia seja tanta a ponto de desprezá-los vivendo isoladamente, sem absorver algumas de suas influências.

Assim, entendo as FA, segundo René Dreifuss as qualificou, como uma instituição autônoma com identidade própria na, e não da, sociedade; criando uma "sociedade política armada", mas que também faz parte da "elite orgânica", agindo conforme os interesses das classes dominantes. Para esse autor:

> A noção de sociedade política armada sublinha a singular conformação e o desenvolvimento próprio das FFAA brasileiras, assim como particulares

---

[11] Um exemplo acerca da combinação dessas duas perspectivas pode ser encontrado em trabalho de Eurico de L. Figueiredo: "[...] para os equívocos deste tipo de percepção dual", a respeito dos militares, dando ênfase à relação entre ambas. *Cf* FIGUEIREDO, E. de L. *Os militares e a democracia*. Rio de Janeiro: Graal, 1980, p. 12. E ainda: GÓES, W. de. Militares e política, uma estratégia para a democracia. *In*: O'DONNELL, G.; REIS, F. W. (org.). *A democracia no Brasil*: dilemas e perspectivas. São Paulo: Vértice, 1988.

entrelaçamentos das elites constitutivas da sociedade política ampla. Mas também aponta para a singular configuração societária brasileira e para a relação das forças políticas de elite, que conformaram o estado de dominação.[12]

Para o mesmo analista, as elites orgânicas são atores coletivos que planejam e executam a política de classe[13]. Esta é uma criação do capitalismo transnacional e composta de empresários, militares, profissionais liberais, administradores, técnicos, acadêmicos etc. que atuam na estrutura pública e privada e se estruturam no Estado, partidos que visam a seu aparelho e demais estruturas de poder[14].

Nesse sentido, o entendimento que está contido neste trabalho sobre as FA é o de que, em sua identidade, elas expressam-se ideologicamente. Por isso, a ideologia das FA possui dois aspectos que dão sentido ao discurso e à ação política.

O primeiro aspecto é o de que a ideologia funciona para dominação, e nesse caso serve aos propósitos da classe dominante, compondo assim a "elite orgânica". Entendo, então, que a ideologia tem a função de hegemonia e de ocultamento da realidade, por meio da direção e dominação no processo sociopolítico. Este constrói um determinado modelo de democracia que pressupõe a função das FA, principalmente, no que diz respeito à garantia da lei e da ordem, expressões cujo sentido não é dito clara e explicitamente nem pelos militares nem por civis favoráveis à preservação deste dispositivo constitucional de garantia da lei e da ordem. Contudo, as evidências demonstram que a garantia se refere à manutenção de um determinado modelo econômico e social capitalista, que exclui a participação efetiva das camadas populares e coíbe os antagonismos possíveis de efetuarem a sua transformação. Isto implica entender que o projeto das FA está em consonância com o desenvolvimento capitalista implantado no Brasil historicamente, e elas fazem parte

---

[12] DREIFUSS, René A. A sociedade política armada. *In*: OLIVEIRA, E. R. de *et al. As Forças Armadas no Brasil.* Rio de Janeiro: Espaço & Tempo, 1987, p. 103.

[13] DREIFUSS, René A. *A Internacional Capitalista.* Rio de Janeiro: Espaço & Tempo, 1981, p. 28.

[14] *Ibidem*, p. 266.

do aparelho de Estado que tem por finalidade garantir e gerenciar tal modelo, o que significa dizer que vários mecanismos são utilizados com este objetivo, procurando estabelecer os meios necessários de torná-lo legítimo.

O segundo aspecto da ideologia é o de visão de mundo, formada ao longo da República com a contribuição do positivismo e da Doutrina de Segurança Nacional. Aqui, a cosmovisão está expressa via discurso que traduz essa contribuição na estruturação da corporação militar. A ideologia, enquanto articulação conjunta de valores, conceitos e orientação para a ação, relaciona-se com a organização autônoma e bem estruturada política e socialmente, com interesses específicos pelos quais se estabelecem objetivos e estratégias para alcançá-los. Significa dizer que as FA são muito conscientes de sua ideologia e se empenham em deixar claro seu propósito tanto para elite civil quanto para a sociedade; e de modo nenhum permitem que a sua autonomia seja diminuída.

A ideologia formada com base no positivismo e na DSN teve a mesma racionalidade intervencionista, sendo capaz de dar sentido tanto à ditadura quanto à democracia, de acordo com a conveniência e as possibilidades da viabilização de seus objetivos. Em ambos os casos, nela está presente a valorização do autoritarismo: seja pelo mando ostensivo, seja pelo exercício da tutela aos civis.

Constata-se que tais aspectos da ideologia estão presentes também na obra de Gramsci. Nesta, a ideologia é a consciência de classe e a expansão de sua hegemonia, como também sua visão de mundo; sua ética. Podemos ainda encontrar a diferenciação entre a ideologia da classe como um todo e a ideologia das organizações particulares que incorpora a ideologia de forma autônoma e diferenciada[15].

Finalmente, é necessário dizer que, muito embora se fale da existência de uma Ideologia de Segurança Nacional, recorro aqui a Rouquié quando este autor diz que a DSN não substitui a ideologia "nem por sua consistência, nem por sua difusão e nem mesmo por

---

[15] PIOTTE, J. M. *El pensamiento político de A. Gramsci*. Barcelona: A. Redondo, 1972.

sua função constituinte"[16]. Nesse sentido, ela consiste em um meio de criar consenso no interior da instituição militar e de dar sentido corporativo à sua intervenção, porém sem realmente explicá-la. Em vez de criar uma forma de legitimidade, a DSN dissimula a ilegitimidade de um governo militar. Justifica sua presença no comando, mas não estabelece um novo poder. Portanto, como entende Rouquié, a ideologia militar seria então a "ideologia de Estado" que procura colocá-lo acima das classes e de seus interesses imediatos ou seus agentes; quando considerados perigosos ou inúteis à expansão econômica ou ao crescimento do Estado. Com isso, não se pode dizer que os militares sejam os "cães de guarda do capitalismo". Ao manter o Estado livre de pressões sociais para viabilizar seu projeto "nacional-estatista", eles aumentam sua autonomia.

Levantadas num contexto em que as ditaduras ainda dominavam no cenário político latino-americano, essas teses têm sido úteis para pensarmos a problemática de democratização e do reflexo militar. Isto nos leva a indagar, por exemplo, sobre a existência ou não de um novo poder militar estabelecido e a permanência da DSN após o fim da ditadura, ainda que esse novo poder não seja a instauração de uma nova ordem[17].

Isso implica também uma questão importante sobre o caráter da democracia. Por essa razão, aludimos a algumas considerações feitas por autores como O'Donnell & Schmitter[18] e Claude Lefort[19] sobre as consequências de sua implementação, com o envolvimento dos atores e as incertezas que o mesmo pode ter, num quadro de divisão social e conflito de interesses.

A estrutura deste trabalho compõe-se das seguintes partes, além desta introdução:

---

[16] ROUQUIÉ, 1984, p. 406-407.

[17] *Ibidem.*

[18] O'DONNELL, G.; SCHMITTER, P. *Transições do regime autoritário, primeiras conclusões.* São Paulo: Vértice, 1988.

[19] LEFORT, C. *A invenção democrática.* São Paulo: Brasiliense, 1987.

A. Discussão teórica

Aqui pretendo expor a problemática apresentada pelos autores que estão desenvolvendo pesquisa sobre as FA, ressalvando a diferença de suas abordagens. Há alguns autores a destacar, com seus principais e respectivos conceitos aqui citados a seguir:

1. René A. Dreifuss – Síndrome de tensão-pressão/Sociedade política armada;

2. João Quartim de Moraes – Síndrome intervencionista;

3. Walder de Góes – "Lobby" militar;

4. Edmundo C. Coelho – Crise de identidade difusa.

É importante também destacar que reconheço a qualidade da produção de outros autores, como Alfred Stepan, Eliézer Rizzo de Oliveira e Geraldo Lesbat Cavagnari Filho[20], entre outros, que serão citados de modo complementar, na medida em que contribuam para o enriquecimento da argumentação por mim apresentada adiante.

B. Discurso

Nessa parte pretendo demonstrar:

1. a contribuição do positivismo ao pensamento político militar desde a fundação da República até a atualidade. Aqui é preciso dizer que houve desdobramentos da doutrina positivista ao longo das participações políticas dos militares na vida nacional até a Doutrina Militar do Estado Novo, e esta, por sua vez, tem importância para a construção da DSN;

---

[20] *Cf.* OLIVEIRA, E. R. de. *Militares, pensamento e ação política.* Campinas: Papirus, 1987. Na mesma obra, ver texto de Geraldo L. Cavagnari: "Brasil, introdução ao estudo de uma potência média". *Cf.* também: STEPAN, 1986.

2. a hegemonia da DSN no pensamento militar, orientando a ação das FA, após ter resolvido a "crise de identidade difusa" no seu interior. E ainda apontar os principais aspectos da DSN que permanecem na Nova República, até mesmo nas decisões do Congresso Nacional, que tomou as vezes de uma Assembleia Nacional Constituinte.

C. Ação política

Nessa parte, considero que a ação política das FA é o aspecto mais importante de sua identidade intervencionista e está presente em dois níveis de sua atuação: o "lobby" constitucional e o que denominei de pressões gerais. Entre os pontos referentes ao "lobby", investigo a questão da função constitucional das FA e da anistia aos cassados porque aí estão pontos importantes, como seu estatuto, seus limites de atuação e sua própria razão de existência enquanto corporação.

Discuto ainda as propostas apresentadas por parlamentares, chefes militares e a "Comissão de Notáveis", com suas diferenças e semelhanças no tratamento do problema, destacando a eficácia do "lobby" militar em alcançar seus objetivos. Outros pontos da atuação do "lobby" serão considerados como complementares à manutenção da função constitucional e necessários à preservação de sua infraestrutura, de acordo com seus interesses políticos e estratégicos.

Quanto às pressões gerais, analiso os pronunciamentos dos chefes militares, políticos adesistas e dos "rebeldes" sobre dois pontos importantes para o curso da transição política: o mandato e a forma de governo. Aqui há contradições e semelhanças que precisam ser apontadas e exploradas, pois a possibilidade de intervenção ostensiva foi sempre o argumento mais sólido a favor das pressões militares ameaçando, então, o curso da transição política.

D. Considerações finais

Finalmente, aqui problematizo:

1. a permanência da influência da DSN na Nova República e sua relação com as decisões tomadas pelo dito Congresso Constituinte;

2. as condições de eliminar ou diminuir os riscos da intervenção, que não depende exclusivamente do texto constitucional, pois a autonomia militar e seu intervencionismo têm raízes mais profundas na realidade social e política do Brasil;

3. as consequências da decisão constitucional sobre as FA e apontar para os riscos e dilemas que ela representou para a construção da ordem democrática.

DISCUSSÃO TEÓRICA: A IDENTIDADE DAS FORÇAS ARMADAS

Neste capítulo, passo a apresentar algo da discussão teórica acerca das FA, enfocando o período de transição e, ainda, os principais conceitos elaborados pelos autores que ajudaram a desenvolver essa problemática. Alguns deles são considerados aqui mais importantes pelo fato de que contribuíram mais diretamente para a concepção e o desenvolvimento deste trabalho. São eles: René A. Dreifuss, João Quartim de Moraes, Walder de Góes e Edmundo Campos Coelho. Além destes, utilizamos algo da discussão sobre a democracia e seus riscos de O'Donnell & Schmitter e também de Lefort.

Para René A. Dreifuss, as FA enfrentaram uma crise no seu interior desde o período da abertura e durante a transição política denominada de "síndrome de tensão-pressão"[21]. Essa crise é por ele concebida não só como causa da abertura: também se reproduz por meio desta.

A "síndrome de tensão-pressão" surge em função de pressões que se encontram dentro da corporação e são referentes a posições distintas sobre situações vivenciadas pelos militares. Tais posições são as seguintes:

1. o alinhamento ao complexo empresarial militar;

2. a manutenção do isolacionismo da "linha dura";

---

[21] DREIFUSS, René A.; DULCI, Otavio. S. As Forças Armadas e a política. *In*: SORJ, B.; ALMEIDA, M. H. T. de (org.). *Sociedade e política no Brasil pós-64*. São Paulo: Brasiliense, 1984, p. 89 *et seq.*

3. uma posição distinta dessas duas posições anteriores adotadas pelos demais.

Nesse caso, tal "síndrome" ocorreu em função do questionamento da autonomia e da imagem dos militares, que assumiram vários papéis no aparelho de Estado difíceis de serem desempenhados adequadamente por aqueles.

A abertura política nasceu, portanto, da síndrome que se caracterizou, por um lado, pela "multiplicidade de papéis" assumidos pelos militares para atenderem, ao mesmo tempo, aos interesses da elite, às demandas populares e à satisfação de suas carências, fazendo os militares se dedicarem-se a diversas tarefas político-administrativas. Por outro lado, os militares agem pelas pressões cruzadas dentro da corporação, principalmente nos altos escalões, manifestas nos distintos posicionamentos referidos.

A "síndrome" gera um dilema nas FA quanto ao problema do "legítimo papel" que ela venham a assumir daí para frente: ser uma instituição **da** sociedade ou ser uma instituição **na** sociedade. A primeira significa uma participação mais efetiva da sociedade nos destinos da corporação militar; a segunda mantém o intervencionismo militar, o que se identifica com sua atuação no golpe de 1964, podendo intervir todas as vezes que julgar necessário.

Tal "síndrome", que causa a abertura ao mesmo tempo que se reproduz por meio desta, pode ser superada por meio da interligação de dois processos:

1. restabelecendo a ordem política participativa;

2. reintegrando as FA às atividades profissionais, entendidas como funções legítimas de sua atuação.

Outro conceito importante apresentado por Dreifuss é o de Sociedade Política Armada (SPA). Já me referi a ele no capítulo anterior, porém é necessário ampliar aqui a sua conotação. Para o autor, a SPA caracteriza-se por uma rede de relações e normas que formam um patrimônio organizacional, manifesto na percepção do mundo social, na ideologia e na ação política de seus membros. Além disso, ela constitui-se numa estrutura burocrática e na organização de serviços em várias áreas, diferenciando e criando privilégios para seus membros diante da sociedade. Ou seja, torna-se uma verdadeira sociedade militar diante da sociedade política.

Para Dreifuss, os militares possuem uma ideologia política superdimensionada e que adota um dado caráter nacional expresso numa missão salvacionista. Com isso passam a se considerar intérpretes das aspirações nacionais e exemplo de patriotismo a ser seguido[22].

Eles criaram um Estado dentro do Estado por meio de instituições como: da comunidade de informações, da manutenção do aparelho vital produtivo do complexo bélico-industrial-empresarial-militar e industrial-militar e da racionalização geral manifesta na administração militarizada do Estado e no autoritarismo fundado na DSN.

O seu governo é exercido pelo alto-comando, por intermédio do ministro do Exército, que possui hegemonia diante dos chefes das outras Armas.

A SPA se formou ao longo da história republicana brasileira desde o seu início. Isso se deu porque nunca houve um sentimento de Estado no Brasil e do processo de formação de sua sociedade política. Portanto, criou-se ao longo do tempo o que Dreifuss chamou do "Leviatã Militar", uma SPA que está acima da sociedade política e fora de seu controle.

Essa SPA é o que explica toda a postura dos militares diante da sociedade. Eles passaram a exercer uma "tutoria arbitral" que tem por objetivo reduzir e suprimir os conflitos sociais, com o consentimento das elites civis, o que levou as FA a tutelarem de forma cordial a ordem política nacional. Daí cresceu a relevância dos militares enquanto atores que passam a assumir um papel bem definido no cenário político: suprimem a soberania popular substituindo-a pela soberania do Estado, segundo o que as elites definem por "critério

---

[22] DREIFUSS, 1987, p. 103 *et seq.*

próprio", como manifestação de um dos pontos básicos da DSN: a preocupação com o sentido do que vem a ser a lei e a ordem, por sua vez, não muito bem esclarecida pelas elites brasileiras. Nesse caso, as FA são transformadas em guardas pretorianas, tendo o seu papel uma função determinada na preservação da situação social.

Segundo Dreifuss, para modificar essa realidade, é necessário repensar o paradigma existente, transformando as FA de SPA em Forças Armadas Societárias (FAS). Com isso, deve-se: rever o que é segurança nacional, reconceituar as FA, traçar uma política de defesa nacional, reformular a mente militar com a revisão dos currículos dos seus centros de adestramento e o fim da dogmatização da DSN etc. Em suma, para o autor, todas essas medidas visam valorizar a soberania popular e pôr fim ao autoritarismo, numa autêntica "subversão democrática"[23].

Por sua vez, Walder de Góes analisa a situação dos militares na transição apontando para o refluxo dos militares enquanto atores políticos[24]. Entretanto, nessa conjuntura duas questões básicas surgem:

1. não há sintomas de que os militares estejam dispostos a fazer autocrítica de sua atuação política;

2. não há uma agenda do poder civil para bloquear a atuação militar.

Assim, entende o autor que o refluxo é somente um diferencial de custos entre uma intervenção ostensiva e uma isenção relativa dos militares. Isso significa dizer que a conjuntura tornou muito alto o custo para os militares, daí o refluxo. Apesar disso, o papel político das FA foi preservado por meio do "lobby" e da capacidade de intervenção. Nesse sentido, caso julguem necessário, os militares podem intervir porque possuem o potencial para tal.

---

[23] Esta, assim como outras ideias correlatas, está na análise que o autor faz do que entende a ESG por soberania. *Cf* OLIVEIRA, 1987, p. 165-75.

[24] GOÉS, W. de. Os militares e a democracia. *Política e Estratégia*, [s. l], v. 3, n. 3, jul./set. 1985, p. 443.

Interessa-me aqui, entretanto, destacar a questão do "lobby" militar para entender a atuação política das FA. Por isso recorro a Góes, que entende ser o "lobby" a ação efetiva para a preservação de seus interesses na Nova República. Isso condicionou os passos da transição política e manifestou a postura intervencionista que os militares brasileiros preservaram, a despeito de novos eventos democráticos. Para Góes, esse problema pode ser visto de quatro ângulos:

1. os aparelhos do regime militar estão intactos (CSN, SNI);

2. a conjuntura refletiu o ambiente de instabilidade política e o pluralismo ideológico, que são interpretados pelos militares como supostos geradores de caos e desordem social. Daí se pode relativizar a chamada "volta aos quartéis", promovida pela corporação militar;

3. a ideia reinante nos meios militares de que as instituições civis precisam ser tuteladas;

4. o objetivo do desenvolvimento da indústria bélica – atender às necessidades de estratégias geopolíticas internacionais e combater o inimigo interno.

Dado que pode existir o dilema entre intervir ou não na ordem em razão da instabilidade política, o poder do "lobby" militar aumenta. Nesse sentido, as várias questões polêmicas da nova Constituição contaram com a interferência militar porque os desentendimentos sobre essas questões poderiam perturbar a ordem e acabar com o refluxo. Um dos problemas considerados pelo autor é o de que o sistema político era inconsistente a ponto de não haver claras referências partidárias. Outro é o clientelismo de origem patrimonialista, que ainda existe abundantemente. Além disso, o comportamento da elite política ainda causa preocupações no que se refere ao fortalecimento das instituições civis, eficiência, padrões éticos e morais. A existência desses problemas seria mais do que necessária para justificar uma nova intervenção militar.

Na avaliação de Góes, que recorre ao pensamento de Huntigton[25], o Brasil pode ser enquadrado como exemplo do conceito de "sociedade pretoriana de massa": a ação política dos grupos existentes na sociedade é altamente conflitiva porque as instituições políticas são incapazes de moderar os diversos interesses. Com isso, há o acirramento da luta ideológica, que pode gerar grandes e insuportáveis pressões políticas, difundindo o poder e fragmentando o governo. Essa situação se agrava à medida que o sistema social-econômico-político exclui de sua participação um grande contingente de pessoas pertencentes a grupos sociais que, mesmo criados pelo processo de modernização, não são, porém, assimilados por aquele. Daí se cria, portanto, uma "politização geral" causada pela liberalização que manifesta a carência do sistema político.

A eficácia do "lobby" militar foi demonstrativa da relevância política dos militares brasileiros, e seu objetivo é ter o máximo possível de ganhos para manter a postura intervencionista. Eles não abriam mão do dispositivo constitucional que permitiu que eles continuassem a ser responsáveis pela "lei e ordem", do controle militar do então Serviço Nacional de Informações (SNI), além de responsáveis pela defesa da Pátria (que é uma emocionalização do "ethos" militar). Tudo isso foi feito em nome de uma tradição que invocam para conservar o poder político, mesmo de forma indireta, permanecendo, assim, a militarização do processo decisório do Estado.

Essa tradição, profundamente autoritária, foi legitimada pela elite política, que ajuda a tornar inevitável o papel das FA, fruto do próprio acordo feito com a elite militar. Daí Walder de Góes concluir que: a probabilidade de que a futura Constituição mantenha o papel político das FA, sobretudo em relação à questão da ordem interna, tem outras vertentes, a saber, as tensões sociopolíticas que caracterizam a conjuntura, a predisposição favorável da elite política e a organização de um eficiente "lobby" militar sobre deputados e senadores[26].

---

[25] HUNTINGTON, S. P. *A ordem política nas sociedades em mudança*. Rio de Janeiro: Forense: Editora da USP, 1975, p. 206.

[26] GÓES, W. de. Os militares e a Constituição. Uma estratégia para a democracia. *Política e Estratégia*, [s. l.], v. 4, n. 3, jul./set. 1986, p. 352.

Essa questão demonstra a permanência do "regime híbrido" que se instalou no Brasil a partir do golpe de 1964, com a participação da elite civil e da elite militar, além do que suas marcas não serão apagadas em um espaço curto de tempo, dada a profundidade das estruturas criadas por essa última intervenção ostensiva dos militares.

Em outro trabalho, Góes recorre a Finer para delinear as vantagens das FA sobre outras organizações sociais e as motivações para não intervir na ordem política[27].

As vantagens das FA são as seguintes:

1. superioridade organizacional;

2. sistema simbólico altamente emocionalizado;

3. monopólio das armas.

As motivações para não intervir são:

1. profissionalismo;

2. superioridade civil;

3. temor ao enfraquecimento e ao desgaste;

4. guerras e lutas entre camaradas e paisanos.

No caso das FA brasileiras, foram encontradas todas as vantagens enquanto organização. A única motivação para não intervir era o temor ao enfraquecimento e ao desgaste; porém todas as motivações para a intervenção existem no caso do Brasil.

Góes relaciona ainda quatro tipos de conjunturas que afetam as estruturas e contribuem para a evolução do papel político das FA brasileiras:

---

[27] GÓES, W. de. O novo regime militar no Brasil. *Dados*, Rio de Janeiro: IUPERJ, v. 27, n. 3, 1984. Nesse caso, a título de complementação, é importante assinalar o que relaciona como níveis de intervenção. São eles: a. influência sobre os civis (nível político maduro); b. pressões ou chantagens (cultura política desenvolvida); c. substituição de governantes (baixa cultura política); d. suplantação dos civis (cultura política mínima). *Cf* FINER, S. E. *The man on horseback*: the role of the military in politics. London: Pall Mall, 1962.

1. desintegração da liderança militar que foi responsável pela implantação do regime;

2. divergências no seio da tropa entre os oficiais da ativa e a liderança militar;

3. dificuldades políticas do regime (erosão da legitimidade e custos crescentes do autoritarismo);

4. conflitos entre os órgãos de inteligência (por causa de seu fortalecimento) e as forças militares regulares.

Outro autor importante nesta discussão é Edmundo Campos Coelho[28], que num trabalho pioneiro nessa área tratou de analisar a formação da identidade militar, especificamente do Exército, ao longo da história republicana enquanto corporação, influenciado pelo trabalho de autores como Jannowitz e Nisbet.

Segundo Coelho, a questão da identidade militar só foi resolvida com a institucionalização da DSN, produzindo consenso no interior da corporação. Isso pôs fim à "crise de identidade difusa" que existia no meio militar desde o início da República. Para se preservarem do contágio externo e resolverem as questões de fragmentação política da sociedade civil, os militares forjaram uma identidade, assumiram uma "função moderadora" e estabeleceram um "consenso sobre domínio" a respeito do seu papel na sociedade, compartilhando com esta essa imagem. A solução da crise de identidade se dá então pela eficácia da DSN em produzir consenso, por meio das seguintes questões:

1. a inversão da ordem dos fatores, isto é, o consenso parte da corporação para o governo, e não o contrário. Forma-se dentro da corporação o consenso necessário para formular políticas e legitimar diretrizes gerais que são apresentadas ao governo;

---

[28] COELHO, 1976.

2. o binômio "Segurança e Desenvolvimento" facilita o relacionamento entre os que cultuam os valores tradicionais e "heroicos" do militarismo com os adeptos do novo profissionalismo, ligados à evolução científico-tecnológica e à associação empresarial das FA;

3. a doutrina estabelece condições para "reduzir a competição política" com outros setores da sociedade, criando uma sociedade integrada. Daí ela admite a intervenção militar como forma de instaurar e manter a liderança das FA. E ainda incorpora uma teoria da organização militar e da sociedade civil, estabelecendo a ligação por meio do papel das FA com a segurança e o desenvolvimento.

Ademais, para o autor, a DSN coincidia com a "Doutrina Militar do Estado Novo", cujos aspectos básicos são:

1. as FA como um órgão essencialmente político;

2. os princípios de reorganização militar devem reger os de reorganização nacional;

3. o perfil centralizado do Estado;

4. a disciplinarização da sociedade civil e a busca do seu máximo rendimento;

5. a segurança é um "fator de produção" indispensável ao desenvolvimento. A produção desse fator cabe às FA.

Finalmente, cabe aqui expor o conceito do último autor em quem me baseio, João Quartim de Moraes, que faz uma significativa análise do papel político institucional dos nossos militares durante a história republicana até a transição política dos anos 1970-1980.

Ao analisar o processo de transição política, Quartim de Moraes discute o caráter limitado desta e a destinação constitucional das FA como duas dificuldades a serem superadas para uma efetiva democratização do país. Sobre isso, remete-se às teses levantadas por Góes sobre a falsidade da expressão "volta aos quartéis" e da combinação entre civis e militares na ocupação do poder (estes participando de forma indireta, porém tutelar)[29].

Considerando a relação entre autonomia e intervenção militar, Quartim de Moraes qualificou a situação das FA e sua atuação na Nova República como resultante de uma "síndrome intervencionista". Isto significa dizer que os militares não só continuaram no controle do poder político, ainda que indireto, e tutelando o poder civil, mas também permaneceram no controle de muitos organismos do Estado e lutam pelo predomínio de seus interesses enquanto corporação no interior do aparelho de Estado.

A síndrome intervencionista é considerada por Quartim de Moraes como uma patologia de função das FA, uma vez que elas se destinam naturalmente à defesa externa em qualquer país democrático. Essa "síndrome" possui três componentes:

1. a tutela política;

2. a extrapolação burocrática;

3. o "corporatismo" institucional.

A "tutela política" refere-se ao exercício do poder de forma indireta pelos militares. Ela era realizada por meio dos pronunciamentos dos chefes militares e da ação de alguns órgãos dominados por eles, como o SNI, mas sua referência básica estava na aceitação da responsabilidade autoatribuída pelos militares de prestarem "obediência relativa e dentro dos limites da lei", consagrada na tradição constitucional republicana. Ou seja, os militares diziam e faziam segundo a capacidade e competência constitucional, e se arrogavam no direito de interpretar e determinar o que diz a lei. E, com isso, toda a ação do governo necessitava da anuência militar,

---

[29] QUARTIM DE MORAES, J. C. de. A função das Forças Armadas num Brasil democrático. *In*: QUARTIM DE MORAES, J. C. de; COSTA, W. P.; OLIVEIRA, E. R. de. *A tutela militar*. São Paulo: Vértice, 1987.

sob pena de comprometer os objetivos e a segurança nacional, e, neste sentido, os rumos da transição.

Por sua vez, a "extrapolação burocrática" é o controle de organismos do Estado que não são da competência direta e natural dos militares e, inclusive, contribuem para aumentar a própria tutela política. O controle do Conselho de Segurança Nacional, da Justiça Militar, do Serviço Militar e do SNI era exemplo claro de que as atribuições militares extrapolaram, enquanto servidores públicos que se dedicam à defesa.

Isso também tem respaldo na tradição constitucional que, ao longo do tempo, foi alargando o campo da atuação das FA, como garantir a lei e a ordem introduzida em 1934 e mantida até a Nova República.

Ademais, a criação de vários órgãos controlados excepcionalmente pelos militares significou a necessidade de subverter e controlar a soberania popular, mantendo com isso a autonomia corporativa das FA, que tomam decisões enquanto defensoras dos "poderes constituídos".

Além disso, existe o "corporatismo institucional", que é a defesa dos interesses das FA no âmbito do Estado em detrimento do interesse coletivo. Na sua articulação com o aparato estatal, elas expressam os seus interesses **no** governo, e não os interesses **do** governo, necessariamente. Desse modo, explicava-se o excesso de ministérios militares no governo brasileiro: Marinha, Exército, Aeronáutica, SNI, Estado Maior das Forças Armadas (Emfa), Casa Militar. Em vez de possuir um Ministério da Defesa (MD), como em vários países, o Brasil seguiu a tradição latino-americana, então, recentemente abandonada pela Argentina. A resistência que os militares brasileiros faziam ao MD era, por assim dizer, um demonstrativo do histórico corporativismo que adotaram.

Enfim, é necessário incluir a discussão sobre a concepção e comportamento dos atores envolvidos, na implementação do regime democrático e seu significado. Pode-se aludir a que tipo de democracia os civis e militares institucionalizaram com esse debate e as ações efetivadas ao longo da transição política brasileira, num quadro de conflitos e divisão social.

Em primeiro lugar, entendem O'Donnell e Schmitter[30] que o processo de transição de um regime autoritário tem um enorme grau de incerteza, pois não há garantias preestabelecidas de que ele desembocará numa democracia. Há sempre a possibilidade de que situações inesperadas surjam e novos fatos afetem a transição para a democracia; ainda que possam estar razoavelmente delineados nas regras estabelecidas na sua implementação por atores responsáveis em fazê-la. Assim, há um grau alto de incertezas em relação às consequências do processo de transição por causa de aspectos relacionados à consciência de sua própria identidade enquanto atores e aos possíveis confrontos que terão que enfrentar adiante e acerca de quem participará dele.

Por outro lado, entender a democracia como um risco, conforme aponta Lefort[31], implica entender que a democracia não é prerrogativa exclusiva e tampouco invenção da burguesia. O conflito entre as classes e a luta política do proletariado foi sempre em função da conquista de direitos. Baseado nessa proposição, Lefort diz que a democracia é um processo político inventado. Ela foi uma arma do proletariado, mas também um dispositivo burguês, revelando um choque de interesses entre a dominação e a servidão, além de marcar uma profunda divisão social.

Para combater o autoritarismo do Estado, é necessário que a democracia tenha condições de se manifestar pondo em questão o poder instituído, num processo de permanente invenção e reinvenção. Aqui a crítica lefortiana é feita com base na realidade dos países do Leste Europeu, de governo comunista, portanto um poder supostamente em nome do proletariado, mas que se revela autoritário. Assim, é preciso fazer com que suas reivindicações sejam atendidas, o que leva à discussão do poder.

---

[30] O'DONNELL; SCHMITTER, 1988.
[31] LEFORT, 1987.

Dessa forma, a invenção democrática implica uma capacidade de questionar-se a si mesma e as instituições que cria, a fim de que o processo político possa ser renovado, reinventado, continuamente. Entretanto, isso comporta um grau de incerteza, sem garantias prévias, que abrem na história um conjunto possibilidades que reinventam a sua condição.

2

DISCURSO DAS FORÇAS ARMADAS

Neste capítulo, abordamos a questão do pensamento positivista brasileiro e a concepção da DSN, além da sua influência nos setores sociais e políticos, como as FA. O primeiro foi importante para formar a sua mentalidade republicana desde o seu início, em que os militares tiveram participação direta, com setores civis aliados. A segunda se desenvolveu na herança daquele como projeto social submetido à lógica da Guerra Fria, criando consequências importantes para o papel dos militares dentro e fora do país.

2.1 O POSITIVISMO

Para entender o discurso das FA, é necessário ressaltar a importância do pensamento positivista e seus desdobramentos ao longo da história, inspirando a postura intervencionista manifesta, desde a Proclamação da República até a Revolução de 1930 e a criação do Estado Novo. O envolvimento político dos militares explica, em parte, a evolução do quadro político neste período, marcado por várias crises geradas em função da entrada de novos atores em cena, com as transformações socioeconômicas ocorridas.

Entretanto, não é o contexto histórico que pode, por si só, explicar a atuação dos militares, senão questões internas relativas aos interesses específicos da corporação, que já começaram a ser delineados a partir de então.

Há estudos de diferentes perspectivas sobre o lugar do positivismo na primeira fase da República; tais como a análise de Tocary A. Bastos, que demonstrou a influência positivista na formação da mentalidade política e sua relação com a realidade brasileira nesse período, vinculando-a com a ascensão da classe média contra a oligarquia cafeeira. Numa outra perspectiva, está José Murilo de Carvalho, que privilegia os aspectos organizacionais e internos da formação da corporação militar, para explicar o sentido das intervenções militares e sua relação com a sociedade brasileira nessa época[32].

Pretendo aqui descrever como o pensamento positivista influenciou a formação do pensamento militar e suas intervenções em duas fases do período que se conhece por República Velha e República Nova. Num primeiro momento, na própria Proclamação, e depois no tenentismo, levando em conta uma diferenciação feita por José Murilo de Carvalho, que chama a primeira fase, 1889-1904, de primeiro tenentismo e a segunda, 1992-1930, de segundo tenentismo, separadas pelo hermismo, isto é, a influência existente do presidente Hermes da Fonseca. Creio que ela é útil para mencionar esse período. Posteriormente, a influência deu-se de 1930 até o Estado Novo.

Os militares tiveram decisiva participação na Proclamação da República, como é sabido, absorvendo algumas das teses positivistas em voga no Brasil. Nessa época, houve a influência do cientificismo de Benjamin Constant e a tentativa de criar uma elite dirigente capaz de levar a cabo a construção de uma nova sociedade. Ainda que genericamente, e de forma precária, o positivismo fora adotado pelos militares em meio à inconsistência social e política de um país que mal sabia a diferença entre monarquia e república. Apesar disso, ela surge de fato como um golpe militar, pois, seja incorporando os novos setores oligárquicos, seja por atender a interesses específicos dos militares, não teve participação popular.

O grupo positivista, que estava mais concentrado no Exército, pensava a nova ordem social e política com base em três pontos básicos elaborados por Comte em seu ideário[33]:

---

[32] *Cf.* BASTOS, T. A. *O positivismo e a realidade brasileira.* Belo Horizonte, 1965 (Coleção Estudos Sociais e Políticos: 25), 172p. *Cf.* também: CARVALHO, J. M. de. As Forças Armadas na Primeira República. *In:* HOLANDA, S. B. de (org.). *História geral da civilização brasileira.* São Paulo: DIFEL, 1986. t. III, v. 2, p. 229.

[33] COMTE, A. *Systéme de politique positive.* Paris: Giaro & Briére, 1912.

1. o governo republicano;

2. a República deve ser social, e não política;

3. a República deve ser ditatorial, e não parlamentar.

Em termos sociais e políticos, o positivismo vê como condição fundamental, para a evolução da humanidade, a criação e um regime republicano e ditatorial, porque só ele seria capaz de conciliar a ordem com o progresso, segundo as palavras do próprio Comte[34]. Também segundo Comte, "Para garantir o progresso, a ditadura monocrática deve, pois, tornar-se republicano em todo o ocidente, segundo o modo e a época peculiares a cada caso"[35].

Assim, para o positivismo, a ditadura é a condição para a estabilidade e crescimento da República. Ao contrário, a adoção de um regime parlamentar só traria desordem e agitação, perpetuando o caos. Pensar que o parlamentarismo poderia administrar de maneira competente os conflitos seria um equívoco, pois só um governo centralizado garantiria plena liberdade. Os positivistas brasileiros aceitaram perfeitamente esse argumento, como no depoimento de Teixeira Mendes: "Nesta primeira fase, nós só aspiramos ao estabelecimento de um regime que garanta a ordem e o progresso, isto é, nós só queremos a consolidação da ditadura, em vez do parlamentarismo burguesocrático, conciliada com a plena liberdade espiritual"[36].

Nesse sentido, o caráter social, e não político, da República deve-se a uma realização das transformações de alcance que incorpore os produtores e proletários sem, contudo, permitir disputas das facções e as suas manifestações políticas. Dessa forma, o positivismo é "progressista" e profundamente antiliberal. A crítica liberal, porém, erguer-se-á apontando para o fato de que o positivismo surge no Brasil como uma pedra no meio da lama, com a monarquia desfa-

---

[34] Cf COMTE, A. *Apelo aos conservadores.* Rio de Janeiro: Igreja Positivista do Brasil, 1899.

[35] *Ibidem.*

[36] Cf MENDES, R. T. *A bandeira nacional.* Rio de Janeiro: Igreja Positivista do Brasil, 1921, p. 13.

celada e decomposta, segundo afirma J. Veríssimo em seu depoimento sobre a ascensão do positivismo. Veríssimo diz que "Aceito principalmente por militares, e nesse elemento encontrando seu melhor apoio, argumentou nessa classe, já de natureza propensa a exagerar as necessidades da ordem e da autoridade, a desconfiança da liberdade e do conjunto de conquistas liberais, que são o apanágio da democracia"[37]. Para ele, o positivismo como filosofia, dogma e doutrina política é sectário e facilita a corporativização, razão pela qual foi bem-aceita pelos militares.

O autor nota ainda que, ao pregar o "amor por princípio", o positivismo é simpático às tiranias e favorável às ditaduras; inventando a "determinação do passado", e tendo a política como ciência, julga-se inerrante e possuidor da verdade.

Outro autor que trata do positivismo e sua influência é Antônio Paim, que o divide em duas fases no Brasil: a primeira, com o "castilhismo"; a segunda, com o Estado Novo. Na fase do "castilhismo", já se encontram claramente características importantes, como a inadequação do sistema representativo, desprezando o parlamento e concentrando o poder nas mãos do Executivo e dando espaço para o autoritarismo. Com o Estado Novo, Vargas complementaria e aperfeiçoaria essas características[38]. Finalmente, Silvio Romero considera que "Quem tem governado a República, há sido o Exército; e o sectarismo positivista é que tem dirigido o Exército cada vez mais"[39].

Essas características estavam presentes no imaginário tanto do primeiro como do segundo tenentismo, que os militares absorveram e tentaram implementar na sociedade, por meio de uma intensa participação política, com a finalidade de viabilizar o seu projeto. Como dito, não é verdade que o positivismo foi exclusivamente do Exército, pois existia com o apoio de seguidores civis dessa doutrina

---

[37] VERÍSSIMO, J. Depoimento acerca do positivismo. *In*: JUNQUEIRA, C. (org.). *A filosofia política positivista*. Rio de Janeiro: PUC-RJ: CFC: Editora Documentário, 1979. v. 2, p. 28.

[38] PAIM, A. Introdução. *In*: JUNQUEIRA, C. (org.). *A filosofia política positivista*. Rio de Janeiro: PUC-RJ: CFC: Editora Documentário, 1979. v. 1.

[39] BASTOS, 1965, p. 136.

INTERVENÇÃO MILITAR E DEMOCRACIA EM RISCO NA NOVA REPÚBLICA

e de outros grupos não exatamente adeptos do liberalismo, ou mesmo de um governo parlamentar. De todo modo, sob sua influência, formou-se um grupo de ação política reformadora.

Porém, se a atuação do grupo positivista foi frustrada na consecução de muitos de seus objetivos no início da República, pelo menos conseguiu alguns parcos êxitos na primeira Constituição, em 1891, como a separação entre a Igreja e o Estado, a institucionalização do casamento civil etc. Os positivistas conseguiram ainda a introdução de um mecanismo legal que pôs os militares em vantagem diante do poder político e permitiu a sua participação enquanto corporação, fruto de uma concepção que lhes permitia pensarem-se como salvadores da pátria e mantenedores da lei interna[40]. Outro ponto importante nessa Constituição foi declarar os militares "obedientes dentro dos limites da lei aos seus superiores hierárquicos". Tal medida fez com que os militares pudessem manter uma postura intervencionista desde então, a fim de garantir seus interesses ou de grupos sociais a eles aliados. Não obstante essa cláusula ter sido incluída para preservar a consciência livre dos desmandos das autoridades que utilizassem indevidamente o poder, é preciso considerar que, de todo modo, ela põe os militares em grau de superioridade, levando-os à arrogância de se tornarem intérpretes da lei (hipótese também considerada por Quartim de Moraes, além de admitir que dá aos militares uma importância que deve ser dada a qualquer cidadão, ou seja, a de somente agir dentro da lei). Ela demonstra ainda que os militares não são tão legalistas assim, porque podem passar por cima da lei, se for de seu interesse. Não tendo um sentido único, podendo, portanto, ser interpretado e variado, esse dispositivo permaneceu em quase todas as Constituições republicanas, o que torna os militares ilegais para defender a legalidade e deixa uma ambiguidade perigosa para a situação política.

---

[40] Os positivistas, em seu projeto de Constituição, propuseram o emprego militar contra a perturbação da ordem interna e externa. Em sua concepção, os militares, enquanto forem necessários no processo de evolução social, devem exercer as funções de polícia, defesa da pátria contra a agressão externa e defesa das instituições contra as tentativas de transformação violenta da sociedade. *Cf.* MENDES, T. *A retrogradação militarista.* Rio de Janeiro: Igreja Positivista do Brasil, 1961. E ainda MENDES, T. *Exame do projeto de Constituição.* Rio de Janeiro: Apostolado Positivista do Brasil, 1890.

Sendo assim, demonstra-se a influência da "ideologia do soldado cidadão"[41], abraçada pelos positivistas e por civis, que admitiam a intervenção com o intuito de promover reformas na vida política. Ela entende os soldados como "o cidadão armado, importante cooperador do progresso", nas palavras de Benjamim Constant, e se manifesta na dita "obediência", que será utilizada para as possíveis intervenções a insurreições dos militares no decorrer da história, como aconteceu com o movimento tenentista a partir de 1922.

O discurso intervencionista seguiu a partir do movimento tenentista, com o ideal de salvar a pátria e moralizar as instituições etc., que não deixa de manifestar o caráter nacionalista e intervencionista da ação política positivista. Naquele momento, os militares adotam a postura de moderar os conflitos sociais, o que se fortaleceu por toda a década de 1930 até o Estado Novo, instituído em 1937, e permaneceu, a partir de então, como marca da instituição armada. Nesse sentido, vale lembrar que houve todo um esforço bem-sucedido de que surgisse uma política do Exército, pondo fim à política no Exército, conforme o general Góes Monteiro preconizou.

Assim, o Exército passou a atribuir-se o antigo Poder Moderador, presente na tradição política brasileira desde o tempo em que o imperador o exercia, segundo a Constituição da época. Isso amadurece a ideia de que os militares representam, enquanto corporação, uma força política considerável que tem condições de arbitrar sobre os conflitos existentes entre as demais forças políticas, além de portar um grau de coesão e capacidade de organização superior a qualquer facção civil. Também amadurece toda uma cosmovisão da realidade brasileira que inclui os interesses da corporação em si e aquilo que ela entendia como interesses nacionais, que se tornará mais explícito com instituição da Doutrina Militar do Estado Novo.

A influência positivista continuou por meio do segundo tenentismo, não exclusivamente por questões internas à corporação militar, mas também porque seus interesses políticos coincidiam com o projeto social e político que culminou com a Revolução de

---

[41] CARVALHO, 1986.

1930 e se estendeu para o Estado Novo. Tal projeto era o de grupos sociais em ascensão, como a burguesia e a pequena-burguesia, que implicaria a incorporação das massas urbanas até então marginalizadas do processo político. Nesse sentido, pode ser defensável a tese de que houve alianças entre os militares e os setores urbanos e industriais, pois se mostrou vantajosa para os militares na medida em que possibilitou a implementação de determinadas indústrias consideradas estratégicas, como a siderúrgica e a petrolífera, o que só se consumaria anos mais tarde. Estas foram importantes para a modernização e o preparo técnico dos militares, que desde o fim da Primeira Guerra sentiam a necessidade da sua existência. Ora, um Exército mais bem equipado e com importância no cenário político nacional estaria mais do que capacitado para exercer o papel de moderador dos conflitos esperados no processo de modernização da sociedade. Então, foi a partir daí que começou a ser pensada toda uma estratégia de defesa nacional para garantir essa modernização, que, por sua vez, anos mais tarde implicaria na visão de segurança externa e interna adotada na implementação na Constituição de 1934 e sua expressão formal de atribuir aos militares a responsabilidade de "garantir os poderes constitucionais, a ordem e a lei".

A modernização do Exército, que teve início com a vinda da Missão Militar Francesa, ganharia impulso na década de 1930 e tornar-se-ia amadurecida com o Estado Novo. Assim, desde a atuação dos chamados "jovens turcos" e sua política, houve a pressuposição de maior profissionalização militar não pura e simplesmente por necessidade bélica, mas também como fator de peso importante para sua atuação como ator político. Como ambos se tornariam complementares no tenentismo, não teria sentido separá-los como duas situações distintas e classificá-los de tenentismo político e tenentismo profissional[42].

---

[42] Essa distinção é bem marcada por Coelho, 1976. No entanto, quero dizer ainda que, muito embora os "jovens turcos" tenham se oposto aos "bacharéis de farda" quanto à maior profissionalização e menor envolvimento político dos militares, a despolitização é apenas aparente. Pois o Exército inicia uma tomada de consciência maior enquanto corporação e de seu peso político na sociedade. Os aspectos fundamentais do tenentismo continuam presentes, mas com meios diferentes para atingir os seus objetivos. Não vejo, portanto, como dois processos distintos.

É possível perceber que houve uma ligação entre o primeiro tenentismo e o segundo, por meio da permanência do intervencionismo militar, mesmo admitindo nuanças entre as duas e a existência um acentuado corporativismo. De qualquer forma, os militares não abriram mão de sua participação política e da concepção autoritária do poder, até mesmo ditatorial, reduzindo ao mínimo a politização da sociedade e a manifestação de seus conflitos. Desse ponto de vista, a influência positivista permaneceu e, posteriormente, ajudou na concepção do Estado Novo. Mesmo que dessa concepção setores civis da sociedade tenham ativamente participado, não se pode descartar que no seio militar essa influência continuou influente e atuante para construir a interpretação sobre a realidade brasileira da época. A própria ideia de manutenção da "ordem", e sua relação com o "progresso", demonstrou um lado conservador do positivismo, profundamente antiliberal e limitador da participação da sociedade civil.

Com a vigência do Estado Novo e a consolidação do projeto sociopolítico engendrado desde a Revolução de 1930, a modernização econômica e industrial pelo setor de base uniu militares e burguesia em aliança fundamental para o êxito desse projeto. Por motivos estratégicos de defesa, os militares apoiaram a modernização promovida pelos empresários, e isso aumentou seu peso já cada vez mais crescente no cenário político. Assim, a criação do Conselho de Defesa Nacional (CDN), ainda em 1927, foi um indicador de que as questões de defesa eram entendidas do ponto de vista não só da ótica externa como também da interna, dada a preocupação com a dinâmica do setor econômico e industrial. Com isso, entende-se que a politização do Exército caminhou na mesma trilha da construção do Estado Novo em suas características essenciais: nacionalismo, autoritarismo e centralização.

Nesse contexto, foi elaborada a Doutrina Militar do Estado Novo (DMEN), que, a partir de então, será linha mestra de atuação das FA na sua relação com a sociedade e o poder político, segundo foi delineada por Góes Monteiro[43].

---

[43] *Cf.* os pontos básicos da DSN expostos no capítulo anterior.

Os militares passam, assim, a fazer efetivamente a sua política, que não só se conserva intervencionista, mas também aumenta a sua autonomia e a consequente tutela sobre a sociedade. Mais do que nunca, as FA passaram a agir como um bloco, unindo interesses e profissionais numa mesma dimensão, e a construir o sentido de que seriam os interesses nacionais a partir daí.

Essa doutrina apresentava pontos essenciais da construção da identidade militar, no que foi completada com a elaboração da DSN pela ESG, um pouco mais adiante.

Portanto, havia uma via autoritária, ditatorial e cesarista crescente na racionalidade militar desde a Proclamação, à medida que a corporação se organizava nacionalmente. Ela se expressava na atuação cada vez mais autônoma e consciente de seu "esprit de corps" delineando seu crescimento com base em seus objetivos, o que faz com que a relação entre a corporação militar e a sociedade seja desigual, porque o crescimento de sua organização caminha na razão inversa da organização da sociedade. Desse modo, a defesa do próprio crescimento e a centralização do Estado tiveram como um de seus fatores o crescimento das FA, principalmente do Exército. E, desde esse momento, em vez de pura e simplesmente elas fazerem parte do aparato estatal, como seria natural, acontece o contrário: o Estado (e aí também a sociedade) vai se tornando militarizado, à medida que os interesses e os objetivos de um vão se identificando com os do outro. Por conta dessa situação, verifica-se que o elitismo de origem positivista criou suas raízes. Se num primeiro momento foi um exemplo possível de religião do Estado, os militares passaram a desdobrá-la na concepção de um Estado integral, tornando-se o elo com a sociedade subordinada a eles, em seus interesses.

No interior do agrupamento militar, a tendência à ditadura e o desprezo sistemático pela lei, advindo de um intervencionismo golpista, permaneceram desde a Proclamação e foram até o Estado Novo, e, por sua atuação, irradiaram-se para o conjunto da sociedade brasileira. Essa tradição criou profundas raízes no comportamento da corporação desde aquela época até os dias de hoje.

2.2 A DOUTRINA DE SEGURANÇA NACIONAL

A outra fonte de inspiração é a Doutrina de Segurança Nacional. Sobre ela, inicialmente, cabe citar o *Manual básico* da ESG para entender seu conteúdo e outros conceitos a ela relacionados. Para a ESG, "Doutrina de Segurança Nacional é o conjunto de conceitos, normas, métodos, processos e valores que permitem a sistematização dos estudos, a formação e os desdobramentos da Política Nacional de Segurança". E, ainda, era concebido nessa obra que "Política Nacional de Segurança é a arte de estabelecer um conjunto de opções, princípios, normas e diretrizes com vistas a assegurar a conquista e a manutenção dos Objetivos Nacionais Permanentes".

Por fim, é dito que os "Objetivos Nacionais Permanentes (ONP) são objetivos nacionais que, por representarem interesses e aspirações vitais, subsistem por longo tempo"[44].

Segundo a ESG, os interesses e aspirações vitais que permitem identificar os ONP são: democracia, integração social, integridade do patrimônio nacional, paz social, progresso e soberania. A definição dos interesses e aspirações nacionais da Segurança e do Desenvolvimento é feita pela Elite e pelas FA. Na concepção da ESG, entende-se por Elite Nacional "o conjunto de pessoas que, no exercício das funções de representação dos anseios da comunidade nacional, o faz de forma efetiva e em consonância com os ONP"[45].

Essa Elite só deixa de ser legítima quando diverge ou entra em conflito com os ONP, devendo, então, ser substituída. Ela consolida sua legitimidade, porém, pela maior participação da comunidade nacional, na medida em que busca o bem comum, a harmonia e o consenso via interação com os vários segmentos sociais. Um papel importante da Elite é o de conciliar interesses conflitantes pela superação das crises, permanecendo com os mesmos personagens, apesar de eventuais mudanças na ordem política, econômica e social. É o que se entende por "pacto pelo alto".

---

[44] ESCOLA SUPERIOR DE GUERRA (ESG). *Manual básico*. Rio de Janeiro: ESG, 1986, p. 26, 195, 197.
[45] *Ibidem*, p. 28, 29.

De acordo com o manual, as FA compõem a "Expressão Militar do Poder Nacional", que é "[...] o conjunto de meios predominantemente militares de que dispõe a Nação para, sob a direção do Estado e pela discussão e coerção, concorrem para conquistar e manter os Objetivos Nacionais"[46].

A "Expressão Militar do Poder Nacional" com as demais áreas (psicossocial, econômica e política) contribuem para definir e atuar a Segurança interna e externa e o Desenvolvimento Nacional na realização do "bem comum". Há dois fatores da "expressão militar" que são fundamentais para entender a autoimagem militar:

1. a doutrina militar que é o conjunto de conceitos, normas, métodos, processos e valores que dão base para o emprego das FA;

2. a estrutura militar que engloba a organização geral e articulação das FA. Esta leva em conta as necessidades conjunturais nos campos do desenvolvimento e da segurança nacional dando possibilidades de empregos diversos conhecidos como "ações complementares", que envolvem prestação de serviços à área social e "medidas preventivas de segurança nacional no âmbito interno e pronta presença militar em áreas conturbadas".

Outro ponto que merece destaque é a relação entre defesa interna e segurança nacional. Segundo o manual, "a defesa interna envolve toda a sorte de medidas, visando aumentar o grau de segurança interna indispensável à conquista e manutenção das ONP". Destinada a "contrapor-se aos fatores adversos, visa":

1. manter a paz social;

2. garantir a integridade e soberania do patrimônio nacional;

3. preservar a integração e a soberania nacional.

---

[46] *Ibidem*, p. 109.

São adotadas atitudes e medidas para garantir a defesa interna: preventiva, repressiva e operativa, de acordo com o quadro a seguir.

Quadro 1 – Atitudes e Medidas de Defesa Interna

Quadro de situação externa	Atitudes	Finalidade	Medidas	Expressão do Poder Nacional		
Rivalidade Externa	Persuasiva	Evitar	Atuam sobre Causas e Agentes	Participantes	Direção	Condução
				Todas	Expressão Política	Expressão Política
Grave Situação Externa	Dissuasiva	Neutralizar até Impedir	Atuar sobre os Efeitos e os Agentes	Todas		Da Expressão Política até a Expressão Militar
Luta Externa	Operativa (coerção)	Eliminar	Caracterizam a Guerra	Prevalentemente Militar		Expressão Militar

Fonte: *Manual básico* da ESG (1986)

A DSN foi marcante e definidora na construção da identidade militar, como uma versão da maneira pela qual as FA concebem a si mesmas e a sociedade. Desse modo, elas extrapolam suas fronteiras institucionais, qualificando a sociedade e fazendo com que muitos de seus aspectos básicos sejam engendrados na vida da sociedade como um todo. Nessa visão, que se coadunava com a das FA, as bases e objetivos da doutrina devem abranger a totalidade dos grupos da sociedade brasileira, criando com isso uma determinada interpretação de sua realidade (a DSN concebe um "caráter nacional" que qualifica o povo como sendo "ordeiro" e "pacífico", "cordial" etc.).

Em tese, é a DSN que orienta, portanto, o relacionamento das FA com a sociedade, estabelecendo para ambas objetivos e funções específicas, mas que fazem parte de uma mesma lógica em termos de organização social. Nesse sentido, entende-se a necessidade de definição para a Elite e as FA, e suas atribuições expostas, para a consecução dos objetivos de acordo com os interesses nacionais. Ou seja, no plano conceitual, a DSN existe para dar embasamento e orientação a esses objetivos.

É importante perceber esse aspecto para entender o surgimento da identificação dos Objetivos Nacionais Permanentes (ONP). Eles não são fixados por ninguém específica e claramente, pois derivam do processo histórico-cultural, fazendo surgir necessidades e interesses que vão se cristalizando na consciência da Nação. Ao longo de todo esse processo, pouco a pouco vai surgindo a base da identidade nacional, que, por sua vez, seria capaz de exprimir a vontade de todos os cidadãos. Os ONP, uma vez constituídos, criam um referencial básico para toda e qualquer ação política em nível nacional. Um ponto importante a observar é que, segundo a ESG, a sua existência independe de assumir forma legal e explícita tanto em documentos oficiais como na própria Constituição.

O problema começa quando se entende que tais objetivos não são fixados por ninguém, mas são identificados pela Elite Nacional; daí os interesses e as aspirações somente são levados a cabo quando essa Elite os identifica. De todo modo, não ficam muito bem claros os critérios para a sua identificação, nem mesmo o tempo de sua duração. Ou, ainda, é confuso saber quais aspirações e interesses podem ser preteridos ou priorizados no estabelecimento dos objetivos.

É preciso ainda apontar para o fato de que a DSN nasce justamente no momento em que os EUA iniciam seu expansionismo econômico, político e militar nos países do Terceiro Mundo e, consequentemente, na América Latina. Em todos esses países foi difundida a "Ideologia da Segurança Nacional", que justificava esse expansionismo, ainda que em cada país tenha havido o que fora chamado de "adaptação diferenciadora", pelo general Golbery Silva. Com isso, difundiu-se também a ideia do "Desenvolvimento com Segurança", que vai orientar a política e a economia desses países ao longo do período da chamada "Guerra Fria".

A DSN surgiu, então, para, no caso do Brasil, legitimar a construção de uma potência de médio porte, o "Brasil-potência", adaptado ao panorama dos países do continente, cuja hegemonia já era dos EUA. Por isso é que a segurança, principalmente no âmbito interno, seria um fator fundamental para as FA, pois esta cuidaria do combate e repressão à subversão do inimigo interno, que por sua vez fazia parte do Movimento Comunista Internacional (MCI). Daí, qualquer perturbação da ordem interna seria vista como uma possível ação subversiva e orientada pelos comunistas. Mesmo que algumas delas tenham suas origens em crises sociais internas, seriam entendidas como manipuladas ou infiltradas pelos agentes do MCI. Isso é o que a ESG entende por "fatores adversos" à consecução dos ONP, aos quais as FA se contraporiam e se mobilizariam para lutar pela consecução dos ONP.

Observa-se que há uma contradição interessante dentro do pensamento esguiano, pois poder-se-ia perguntar: se a defesa interna é preconizada para manter a paz social, garantir a integridade e a soberania do patrimônio e a integração nacional, o que se faria então quanto à defesa externa? Esses objetivos não seriam muito mais adequados para preservar-se do inimigo externo? Mas, como é remota a participação do Brasil num conflito internacional de fronteiras ou marítimo e estando o continente na zona de influência estratégica dos EUA, as ameaças concretas só poderiam vir do inimigo interno, agindo subversivamente por meio de guerrilhas, propaganda ideológica etc. Isto transforma as FA (principalmente o Exército) em tropa de ocupação e policiais do território nacional, sempre alerta para agir contra quaisquer grupos que infringirem a ordem estabelecida pela segurança e o modelo de desenvolvimento social que elas visam garantir.

A democracia é, por causa disso, um alvo das preocupações militares que aspiram a preservá-la. Entretanto, mesmo sendo um dos ONP, não está relacionada pela ESG como um Objetivo Nacional Atual (ONA). Ou seja, na visão da ESG, seria admissível que, em nome da dita Segurança Nacional, a democracia fosse suprimida, sacrificada ou relativizada sob os pretextos conjunturais que ameaçariam o "bem comum" e as "aspirações nacionais".

Para a doutrina esguiana, a democracia é desejável, mas nem sempre possível, porque haveria ocasiões em que se faria necessário suprimi-la, isto é, quando ela fosse um complicador para a efetivação dos tais "interesses nacionais". Seria justificável, então, o uso da força e até mesmo de um poder constituído arbitrariamente para atender àqueles interesses, deixando transparecer uma eventual ditadura, ainda que amarga e desgastante, porém necessária. Esse tipo de concepção se aproxima muito do que o general Golbery Silva descreveu como momentos de "sístoles" e "diástoles", tendo ambos a sua função dentro da lógica do desenrolar da história, segundo ele mesmo.

Outro problema que é interessante apontar: a democracia preconizada pela ESG seria única no conteúdo e variada na forma.

Isso porque, se por um lado o ideal de representatividade e legitimidade aspirado pelos governantes, além do atendimento às aspirações daqueles a quem o poder representa, é constante, por outro isso tudo pode ser viabilizado de "mais de uma maneira", como nas palavras de, então, um dos mais proeminentes membros da ESG, professor Jorge Boaventura. Para ele, a democracia é relativa à organização social em que está inserida. Seria então um grande erro tentar aplicar as mesmas características das instituições democráticas europeias à América Latina. É necessário condicioná-las à realidade nacional, evitando com isso um "transplante institucional". Estes têm sido responsáveis pelos sobressaltos que, às vezes, afetam a vida republicana, porque nem todos os componentes das outras democracias seriam compatíveis com a versão verde e amarela.

De modo vago e superficial, a democracia é entendida como:

> [...] a incessante busca de uma sociedade que propicie um estilo de vida caracterizado pelo respeito à dignidade da pessoa humana e pela igualdade de oportunidade para todos; em segundo lugar, a adoção de um regime político baseado nos mesmos

valores e que se caracterize fundamentalmente pelo contínuo aprimoramento da representação política e da opinião pública, bases que tornam legítimas as instituições democráticas[47].

Há também certas alegações por parte dos militares que procuram esclarecer a abrangência do conceito de Segurança Nacional e, inclusive, acusam o seu uso indevido por parte de muitos. Assim, para os militares, a Segurança Nacional inclui, além da defesa, garantia dos direitos, necessidades individuais, das aspirações nacionais, das instituições políticas, econômicas e sociais etc.[48].

Entretanto, isso não anula – pelo contrário, faz aumentar – a crítica sobre a DSN e seu processo de ideologização. Principalmente porque, com tal abrangência, ela justifica a tutela que as FA exercem sobre a sociedade e a possibilidade de intervenção ostensiva, precisamente para garantir todos esses direitos, necessidades e instituições descritos. Nesse sentido, procura-se levar à sociedade uma forma dogmática de pensar a realidade, impondo ideologicamente seus postulados tal qual fora imposto dentro dos centros de educação militar.

Segundo esse argumento, é evidente que cada Estado-nação necessita manter a soberania, mas não uma doutrina que visa à catequização das diversas camadas da sociedade; ela funciona como

---

[47] BOAVENTURA, J. A doutrina de segurança nacional. *In*: OLIVEIRA, E. R. de. *Militares, pensamento e ação política.* Campinas: Papirus, 1987. p. 49-50. Parece ser bastante dificultoso supor que as características básicas do regime democrático possam vir a ser adaptadas de forma distinta em cada sociedade. Seguindo essa lógica, teríamos que admitir forçosamente uma democracia sueca, coreana, americana, brasileira etc., e isso levaria a inúmeras definições de democracia, tantas quantas forem os países que a adotarem. É certo que cada país possui problemas específicos a serem resolvidos em curto, médio e longo prazo. Porém, isto não significa que abram mão de algum aspecto básico da democracia que ponha em risco a sua existência, tal como representação política, opinião pública e legitimidade, invocadas pelo Prof. Boaventura. Até porque a democracia não se resume a estes, mas se estendem à participação popular direta, à liberdade de pensamento e expressão, à eleição, ao pluralismo político, ao exercício da cidadania etc. *Cf* também: BOAVENTURA, J. *O mito da caverna.* Rio de Janeiro: Biblioteca do Exército Editora, 1983.
Há outra crítica ao Prof. Boaventura feita por Dreifuss, que aponta para o fato de reduzir-se a democracia "à oportunidade para todos", transformando os cidadãos em meros caçadores de emprego *Cf* DREIFUSS, 1987. Baseado nisso, é necessário dizer que não há como fazer diferença entre países, assim como não cabe discriminação na disposição de oportunidades para todos.

[48] DREIFUSS, 1987.

ideologia para legitimar um determinado projeto político e estratégico, envolvendo as FA no âmbito interno.

Por essa a razão, a DSN continuou como base no pensamento militar, mesmo depois de extinta a ditadura, e esteve presente como pano de fundo nos pronunciamentos militares, desde então. Ela se tornou uma fonte de inspiração para toda a ação política das FA, porque, enquanto doutrina, é a normatização e a disciplinarização de um tipo de comportamento baseada numa visão de mundo autoritária.

Ao longo da transição política, as decisões do Congresso Constituinte permaneceram nessa perspectiva, na medida em que, ao criar o Conselho de Defesa Nacional em substituição ao Conselho de Segurança Nacional (CSN), não se diminuiu (ao contrário, aumentou proporcionalmente) a presença militar no fórum das decisões políticas. Sua composição passou a ser: os presidentes da República, da Câmara e do Senado Federal, do vice-presidente da República, além dos ministros de Relações Exteriores, Justiça, Planejamento, Fazenda e de todos os ministros fardados (três das FA, mais o chefe do Emfa). Ou seja, proporcionalmente, a presença dos ministros militares se tornou muito maior que no CSN, e, com isso, aumentará a influência nas questões internas do país.

Embora a expressão "Segurança Nacional" tenha sofrido desgaste e lembre o autoritarismo, a repressão e a chamada subversão interna – por isso os legisladores evitaram utilizá-la –, mudou-se o nome, mas permaneceu o conteúdo e seus objetivos. Os críticos desse processo defendiam que, para que isso não acontecesse de modo coerente, seria necessário criar não um conselho, e sim um Ministério da Defesa chefiado por um civil, cuja pasta se limitaria às questões referentes aos ataques externos. Assim, a simples troca de nome não foi suficiente para afastar a ingerência militar na Nova República.

Outra decisão dos constituintes foi sobre a futura competência de os tribunais militares aplicarem nos civis a Lei de Segurança Nacional somente em tempos de guerra. Porém, outras críticas apontaram que isto não poderia ser tomado como a declaração do fim da DSN, dado que tal lei é mais do que a simples ação policialesca contra a traição à pátria ou a subversão da ordem, pois fundamenta todo um projeto socioeconômico e estratégico da elite civil/militar.

Nesse aspecto, a Constituição não foi suficientemente clara, porque não define o que é crime militar, deixando uma abertura considerável para que se cogite a possibilidade de um civil cometê-lo. Parece muito arriscado, então, supor que o entendimento natural sobre crime militar – crime cometido por militares no que diz respeito às questões exclusivamente militares – prevaleça na legislação complementar.

Além disso, por exemplo, a própria permanência do SNI, chefiado por um militar, do Emfa (em vez do Ministério da Defesa), da Casa Militar é indicadora da DSN na Nova República e exemplificaria a existência do chamado "Leviatã Militar".

Como exemplo da mencionada catequização por meio da DSN, cabe aqui citar que houve naquela ocasião um curso de correspondente militar que o Comando Militar Sul do Exército criou, em março de 1988, para jornalistas interessados. Ficou claro que, mesmo num momento de risco para a transição política, tendo em vista os impasses da Constituinte, a crise econômica e as conturbações sociais, o conceito de Segurança Nacional continua "imutável", como nas palavras de dois palestrantes. Ainda que considere a fome, a miséria e a inflação como problemas graves que impedem ameaças à Segurança Nacional, tem-se em mente o fantasma do inimigo interno que semeia subversão no seio do povo. No entender do que foi ministrado no curso, o conceito de Segurança Nacional é "a garantia da consecução dos objetivos nacionais contra os antagonismos externos quanto os internos, compreendendo medidas destinadas à preservação da segurança nacional interna e externa, inclusive a prevenção e repressão da guerra psicológica adversa e da guerra revolucionária ou subversiva"[49].

---

[49] MILITAR dá curso reafirmando doutrina de segurança. *Jornal do Brasil*, [s. l.], 27 mar. 1988, s/p. Disponível em: http://memoria.bn.br/DocReader/030015_10/160437. Acesso em: 2 jun. 2020.

Também o discurso dos chefes militares não abandonou o binômio Segurança com Desenvolvimento enquanto "campos de ação do poder nacional" e tampouco deixou de lado a preocupação com o inimigo interno, agente da subversão, que tem como origem o MCI. Como exemplo, houve a ordem do dia da Intentona Comunista, comemorada pelos militares, então, anualmente no mês de novembro. Depois de proclamarem as FA como portadoras dos mesmos valores e responsabilidades do passado, garantindo a liberdade individual, a livre iniciativa e a organização social, os ministros militares chamaram a atenção para as mesmas ameaças que estariam presentes na atualidade, embora sob outra forma. Segundo o pronunciamento deles, tais ameaças "possuem natureza semelhante a que, nos idos de 1935, levou ao assassínio dos valorosos patriotas que neste momento reverenciamos"[50].

A acusação dos chefes buscou demonstrar as características das mentes que, para eles, "ferem de morte a alma nacional" e destroem tudo o que o povo brasileiro, "de espírito generoso, tolerante e democrático", construiu ao longo desses anos. De acordo com a nota militar, essas mentes perniciosas pretendiam:

1. um sistema de governo estranho às aspirações do povo;

2. pregar a desobediência às leis;

3. praticar o clientelismo e a demagogia por ambição pessoal;

4. voltar-se para novas reivindicações a cada transigência;

5. promover a contravenção, a droga e a permissividade moral;

6. defender a violência urbana e rural;

---

[50] SARNEY homenageia os mortos da Intentona. *Jornal do Brasil*, [s. l.], 28 nov. 1989, s/p. Disponível em: http://memoria.bn.br/DocReader/030015_10/205282. Ver também: MINISTRO acusa grupos radicais de perturbar a ordem interna. *Jornal do Brasil*, [s. l.], 28 nov. 1988. Disponível em: http://memoria.bn.br/DocReader/030015_10/178485. Acesso em: 13 maio 2020. Acesso em: 24 jun. 2020.

7. modificar ou acelerar as decisões por iniciativas isoladas e atentatórias à ordem;

8. manipular e modificar fatos históricos agredindo nossos heróis e destruir os nossos valores culturais;

9. distorcer intencionalmente a comunicação dos fatos, em sensacionalismo irresponsável e negativista;

10. maquinar o caos.

A essas mentes, os militares avisam que "não lograrão sucesso"; e conclamam os paisanos responsáveis para orientar o caminho da democracia e a promoção da pessoa humana com serenidade e moderação. Ou seja, todo aquele que coadunar com o catecismo da DSN (um dos componentes básicos da mentalidade castrense) ou que transgredir esses parâmetros passa a ser considerado agente de instabilidade política e social e impatriótico.

Continuou presente no discurso militar o aspecto elitista no qual devem ser tratados os principais problemas brasileiros, a partir do momento em que é função da Elite "exercer seu devido papel pedagógico para orientar a consolidação do regime democrático"[51] e para o benefício da pátria, como se o povo não fosse capaz de se manifestar quanto a seu destino, uma vez organizado e mobilizado. O pensamento esguiano que concebe a Elite como tendo o papel de captar e interpretar as aspirações e interesses nacionais de acordo com os ONP está aí presente.

Essa postura fere a soberania, que permanece subordinada ao que a Elite Nacional determina segundo "critério próprio". Como diz Dreifuss, isso pode significar a existência de critérios problemáticos, na possibilidade de as elites determinarem que, para resolver as diferenças sociopolíticas internas, seus interesses predominem de forma tutelar, autoritária e por negociações muitas vezes escusas, feitas pelos bastidores ou mesmo pelo uso da força[52].

---

[51] *Ibidem*, s/p.
[52] DREIFUSS, 1987.

3

AÇÃO POLÍTICA DAS FORÇAS ARMADAS

Neste capítulo é descrita a ação política das FA, que consiste em pôr em prática os mecanismos que a corporação dispõe para alcançar seus objetivos, no que se refere às decisões do Congresso Constituinte e do governo Sarney (1985-1990).

Em ambos os campos, os militares agiram sempre para atender a seus interesses específicos e opinaram todas as vezes em que foi necessário tomar decisões administrativas importantes, tanto no nível do Legislativo como do Executivo e do Judiciário.

Com isso, os militares procuraram intervir nesses campos via "lobby" montado para influenciar as decisões dos parlamentares e outros tipos de pressão, estes feitos nos gabinetes do palácio, via reuniões com o presidente e outros dos chamados "ministros da casa", e nos pronunciamentos dados por meio da imprensa, ora convocada, ora provocando as manifestações dos chefes militares. Tais tipos de pressão aqui são entendidos como pressões gerais.

Aqui, a diferenciação entre "lobby" e pressões gerais é necessária para compreender melhor as reivindicações específicas às FA e as de maior abrangência, que lhes tocam na medida em que são importantes para a manutenção da tutela. Apesar disso, alguns pontos das pressões gerais foram matéria de decisão constitucional, cabendo, assim, a qualificação de alvos do "lobby" feito pelos militares. No entanto, a diferenciação é feita para caracterizar bem o que seja pressão "legítima" e "ilegítima". A primeira refere-se ao direito que todos os grupos de interesse possuem de tentar interferir nas questões tomadas por outrem, mas que lhes dizem diretamente respeito. A segunda denota a interferência prepotente e indevida dos militares em questões que, salvo aceitas como normais na extrapolação de suas atribuições e no superdimensionamento de suas funções, devem ser tomadas somente pelas partes diretamente envolvidas e interessadas.

Assim, a seguir são apresentadas considerações sobre ambos os níveis da ação política, descrevendo seus pontos julgados mais importantes.

3.1 O "LOBBY" MILITAR

A respeito do "lobby" militar, há três pontos que precisam ser lembrados para introduzir a discussão a seu respeito[53].

Em primeiro lugar, o "lobby" é a evidência do papel político das FA. Em segundo lugar, o poder do "lobby" aumenta o clima de instabilidade política. Em terceiro lugar, o "lobby" tem por objetivo básico manter o intervencionismo existente por parte das FA. Considerando essas afirmações, aqui faço algumas considerações baseadas nos dados obtidos por meio da atuação dos militares ao longo do processo de elaboração da nova Constituição.

A existência de grupos de interesse e pressão dentro da sociedade é comum nos regimes democráticos. Nesse sentido, é perfeitamente aceitável que se organizem "lobbies" por parte de seus vários segmentos (por exemplo, os EUA são um dos vários países onde o "lobby" é uma atividade regulamentada em lei e amplamente utilizada). Como é sabido, em todas as fases da Constituinte brasileira atuaram vários grupos mais ou menos aparelhados e especializados, como a Igreja, a União Democrática Ruralista (UDR), os sem-terra, as centrais sindicais, os empresários nacionais e estrangeiros, os índios etc. A correlação de forças nos debates e nas decisões foi testada e avaliada em muito mediante o grau de eficiência que demonstraram os "lobbies".

Entretanto, o "lobby" militar foi considerado o mais eficaz e competente por um grande número de parlamentares, tendo sido admitido, por isso, que os militares são os "donos do poder", inclusive pelas lideranças da esquerda. De fato, em todas as questões da

---

[53] *Cf.* GÓES, 1986.

Constituição que envolviam direta ou indiretamente as FA, elas não perderam em nada. Isto pode ser explicado porque elas conservam um grande espírito de corpo, um peso político maior ainda, e também pela existência da fragilidade e desorganização do poder civil.

Os pontos mais importantes do "lobby" foram a atribuição constitucional e a anistia aos militares cassados, pois ambos tocam fundo no problema da identidade intervencionista, na hierarquia e disciplina, enfim, no "ethos" e no universo simbólico das FA.

A atuação política dos militares via "lobby" demonstrou a capacidade de negociação dos militares, inclusive, em alguns detalhes de questões polêmicas, como a autorização civil para a intervenção interna, a anistia, a definição de crime militar e a concessão de "habeas data" que pôs à mostra os arquivos secretos do SNI etc. Os militares cederam em alguns detalhes, mas as suas concessões não atingiram as coisas mais importantes; elas ocorreram apenas no varejo, e não no atacado. Estas foram limitadas e, no que pudesse representar alguma perda, foram habilmente "dribladas" pelos militares e pelo governo que eles tutelavam. Por exemplo: a compensação do soldo dada aos militares depois da decisão constitucional de que lhes fosse cobrado o imposto de renda, a portaria baixada pelo ministro-chefe do SNI em separar do alcance do "habeas data" os dados considerados sigilosos e relevantes para a segurança nacional, a criação de uma Assessoria de Defesa Nacional por parte do presidente para esvaziar os poderes do CDN, e a autorização dada, também por parte do presidente, aos militares, por meio de legislação infraconstitucional, para tratarem dos problemas relativos à lei e à ordem.

O "lobby" militar demonstrou ainda certa incapacidade do poder civil em negociar. Isso acontece porque o poder militar é muito mais coeso e uniforme que o poder civil. Este permaneceu fracionado por causa das correntes políticas sem muita definição que estão no seu interior, não tendo sequer posições claras quanto à questão militar, independentemente do alinhamento ideológico. Há ainda o problema do clientelismo dos políticos, constantemente fazendo negociações para tirar vantagens com os militares, justamente por reconhecer a sua força ou tentando utilizá-los em proveito próprio, como no procedimento conhecido das "vivandeiras de quartel". Inclusive, muitos políticos, para atingirem seus objetivos, ameaçavam outros parlamentares e a sociedade com o "fantasma do golpe".

Aqui a máxima maquiavélica que diz que boas leis se fazem com boas armas valeu muito bem para o "lobby" militar; não pura e simplesmente por deterem o monopólio das armas e da coerção, mas pela constante ameaça, às vezes velada, às vezes manifesta, de um golpe militar. Nesse caso, a força dos argumentos perdeu para o argumento da força[54].

O "lobby" contou ainda com a influência direta dos chefes militares em seus destacados pronunciamentos tanto aos políticos como ao público em geral. Eles demonstraram mais poder de fogo que os "oficiais de gravata" nos gabinetes do Congresso, pois foram decisivos nos momentos críticos das negociações, dando a palavra final.

As principais conquistas do "lobby" militar na nova Constituição foram:

1. a preservação da responsabilidade pela lei e ordem interna;

2. a limitação do alcance da anistia aos militares cassados;

3. o serviço militar obrigatório;

4. o aumento do proporcional da representação militar e as atribuições do CDN;

5. a permanência do SNI comandado por um militar e das AIS e DAS nos ministérios;

6. a permanência das polícias militares e corpo de bombeiros como forças auxiliares do Exército. E não só isso: também a não extinção das polícias militares;

---

[54]   *Cf* QUARTIM DE MORAES, 1987.

7. a não definição de crime militar a ser julgado pela Justiça Militar;

8. a proibição da greve para os funcionários civis dos ministérios militares;

9. a manutenção da subordinação da aviação civil à Aeronáutica Militar;

10. a manutenção de informações secretas no SNI, apesar do "habeas data";

11. o orçamento militar livre do controle do Congresso;

12. a criação dos "royalties" para a Marinha;

13. a não proibição explícita da produção de armas nucleares;

14. a manutenção do mar territorial em 12 milhas;

15. a possibilidade de criação do Ministério da Defesa, se bem que não tratasse de matéria constitucional, especificamente, foi cogitada por parlamentares e de pronto foi rejeitada pelos chefes militares. Eles mantiveram o argumento de que o Estado Maior das FA já seria um órgão que cumpriria essa função, em boa parte. Além do que, não haveria necessidade estratégica e administrativa para unificar as três Forças.

Com todos esses exemplos, pode-se comprovar que a "tutela cordial" dos militares sobre os civis ganhou dimensão legal a partir do momento em que foram legitimadas na Constituição. Algumas delas continham um apreciável grau de sutileza que tornava quase imperceptíveis seus efeitos sobre a vida política, no momento, mas poderiam trazer complicações em médio e longo prazo para a vida nacional.

Todas essas decisões, no entanto, foram formalmente tomadas não pelos militares, mas pelos parlamentares, e a estes deve ser creditada a responsabilidade, em última instância, por terem cedido em pontos que diminuíam o seu poder e permitiram aos militares continuar em posição privilegiada em relação à sociedade.

3.1.1 A função constitucional

O problema da atribuição constitucional das FA é sempre bastante importante, porque toca na questão central do relacionamento entre os militares e os civis, tanto em relação à elite política quanto em relação à sociedade. Mais do que um problema puramente jurídico, é político, no caso do Brasil e de outros países latino-americanos, conforme já dito. O reconhecimento dessa situação seria o primeiro passo para tentar resolver esse problema, pois o aspecto "político", nesse caso, é empregado porque extrapola o campo do direito para a disputa/distribuição de poder, situação que evidenciou a tutela que as FA exerciam sobre a sociedade política e civil.

É claro que a existência da tutela é anterior à menção do texto constitucional de 1988. Como é sabido, este refletiu a realidade historicamente construída nas relações entre o poder civil e o poder militar e o desenvolvimento da identidade intervencionista da corporação, principalmente no passado recente. Assim, o fim da autonomia militar dependia do tratamento de questões mais profundas radicadas na sociedade brasileira, dado que o papel das FA não mudou – e dificilmente mudará, porque não haverá outro enquanto não deixar de dominar, em sua concepção de mundo, os princípios da DSN, e tendo em vista a existência de condições concretas de exercício da cidadania efetivando-se na sociedade.

Nesse sentido, entende-se que as FA foram assumindo um papel explicitamente político cada vez maior. Isso se refletiu nas Constituições que foram sendo feitas ao longo do tempo. Nelas, os militares, que desde o início da República procuraram influenciar politicamente em todas as Constituições, só fizeram legitimar essa influência. Como exemplo, não foi à toa que, a partir do Estado

Novo, as Constituições subsequentes foram aperfeiçoando a forma como as FA exercem as suas atribuições, segundo os princípios que as fundamentam. Curiosamente, a Constituição de 1946, tida como a mais democrática nesse período, que expressava em seu texto a redemocratização do país, deu aos militares a atribuição de defender a Pátria, garantir os poderes constitucionais, a lei e a ordem, além de conservar o dispositivo de "obediência dentro dos limites da lei" de Constituições anteriores, significando, com isso, um retrocesso. A Constituição de 1967, emendada em 1969, atribuiu às FA um papel explícita e ostensivamente político, quando não só manteve o argumento básico de 1946, mas as considerou "essenciais à política de segurança nacional"; e, pela primeira vez, escreveu a expressão "Forças Armadas" com maiúsculas, tornando-se, assim, substantivo próprio. Elas deixaram seu lado profissional ser definitivamente superado pelo lado político, no mesmo momento em que a DSN passou a ser oficialmente a doutrina do Estado brasileiro.

A título de complementação, é bom lembrar que há uma classificação feita por Roberto Aguiar sobre as FA brasileiras, levando em conta a Constituição da ditadura militar com os critérios a seguir[55].

1. Quanto à origem: institucionais.

2. Quanto à duração: permanentes.

3. Quanto à composição: sem participação popular.

4. Quanto às relações com a legalidade: defensoras da lei e da ordem.

5. Quanto à participação política: acima do poder formal.

6. Quanto à nacionalidade: expressão da nacionalidade oficial.

7. Quanto às funções: profissionais.

---

[55] AGUIAR, R. *Os militares e a Constituinte:* Poder Civil e Poder Militar na Constituição. São Paulo: Alfa Omega, 1986, p. 71.

8. Quanto ao bem maior que defendem: defensoras de um projeto ideológico.

9. Quanto à operacionalidade: voltadas para a segurança interna.

10. Quanto aos privilégios: com privilégios diferenciadores.

11. Quanto à natureza da ação: forças armadas de manutenção.

12. Quanto à centralização: centralizadas.

13. Quanto à participação legal na política: explicitamente políticas.

14. Quanto à estrutura: formalmente divididas.

Nessa classificação há observações importantes a fazer sobre o estatuto das FA já na Nova República, a fim de conferir se, onde e por que aconteceram mudanças com a outorga da nova Constituição e qual a relação a ser estabelecida como "lobby" militar em função delas.

Antes, porém, é necessário levantar algumas considerações sobre o papel político das FA que se consolidou, sendo isso de vital importância para a efetivação de mais uma redemocratização da vida política do país. Ademais, importa destacar que, além da descrição do processo de discussão e deliberação da Constituinte, existem pontos importantes a analisar, tais como:

1. a necessidade de pôr no texto constitucional a atribuição das FA;

2. a diferença entre função e papel;

3. como subordinar as FA à sociedade e ao Estado.

Esses três pontos resumem a discussão de muitos sobre o emprego das FA num contexto democrático, inclusive nos círculos militares e nas discussões da esfera parlamentar.

Em primeiro lugar, a importância de pôr na Constituição as atribuições das FA poderia ser contraposta ao argumento de que, uma vez existindo propostas conflitantes sobre o assunto, seria melhor não o mencionar. Nesse caso, as consideradas "progressistas" (por limitarem ou proibirem a intervenção na ordem interna) tornam-se alvo do ataque dos chefes militares porque vão contra a tradição histórica.

Deixar de lado tal decisão poderia diminuir as possibilidades de confronto entre civis e militares, bem como as possibilidades de intervenção poderiam ser tratadas realista e pragmaticamente em cada circunstância em que elas existissem. Aqui, o que prevaleceria seria algum tipo de negociação entre militares e representantes da elite política. Por outro lado, a não menção do assunto também poderia ser indício de que a atribuição natural é por todos conhecida, não tendo, desse modo, necessidade de escrevê-lo na Constituição, conforme acontece em alguns países.

Entretanto, no caso do Brasil, onde até mesmo vários assuntos de legislação ordinária fazem parte do corpo permanente da Constituição, além da tradição de mencionar explicitamente o emprego das FA, foi necessário repeti-la na Constituição da Nova República.

É significativo dizer que os próprios civis e militares descartaram a possibilidade de que isso não ocorresse. Isso se deu porque, para que se tentasse resolver a relação legal entre o poder civil e o militar de uma vez por todas, era necessário aguardar especialmente um momento de transição política, de saída de um regime ditatorial ostensivamente militar.

Em segundo lugar, uma vez estando definida a necessidade de mencionar explicitamente as atribuições dos militares, caberia apontar a diferença entre o que se entende por função e por papel das FA. Essa diferenciação foi feita por Dreifuss: "[...] as FA, como grupamento do funcionalismo público, não devem ter papéis, mas uma função devidamente definida na Constituição"[56].

---

[56] DREIFUSS, 1987, p. 109.

Nesse sentido, para esse autor, considerar que as FA podem ter um papel é cair numa armadilha política, porque legitima uma distorção funcional e estimula uma disfunção. Além do mais, isso seria considerar que os profissionais da guerra são também responsáveis pela política interna, aceitando a "tutoria arbitral" por eles exercida. Tal procedimento seria relevar o passado e o atual papel que os militares assumem para si próprios e para a sociedade; e também funcionaria como uma justificativa da manutenção do pretorianismo que existe no momento em que se arrogam "guardiães da lei e da ordem".

Mas esse não foi o pensamento de militares e civis ao longo do processo constituinte, pois o que ficou resolvido dá às FA um papel político tão importante como o da maioria das Constituições anteriores. Assim, a disfunção continuou porque o papel político conhecido continuou representando uma ameaça à soberania popular.

Enfim, há o ponto sobre como subordinar a corporação militar ao Estado e à sociedade; corporação essa que, com identidade bem marcada e autonomia, se coloca em um nível acima de ambos, significando um fator real de poder, e é distinta do Estado, conforme Oliveiros Ferreira apontou em seu teorema[57].

Porém, o problema é que as FA precisam do Estado para ter existência legal, pois este é a instância legal e jurídica formalmente constituída e as FA, sendo formadas completamente como independentes dele, não passariam de um grupo político armado, uma milícia. Então, elas precisam do Estado para existirem formal e legalmente, ainda que politicamente se considerem seus tutores e mais duráveis do que os governos.

Assim, a relação entre o Estado e as FA não se modificou, pois elas continuaram responsáveis pela garantia dos poderes constitucionais, mesmo lhes subordinando a intervenção. Porém, fica bastante complicado entender que as FA são, ao mesmo tempo, a sua garantia e submissas a ele, uma vez que, para garantir os poderes

---

[57] FERREIRA, O. dos S. A corporação das Forças Armadas. In: FORTES, L. R. S.; NASCIMENTO, M. M. A Constituinte em debate. São Paulo: Sofia Editora, 1987.

constitucionais, as FA só podem ser consideradas acima deles. Afinal, ninguém pode dar garantias reais se não for superior ao garantido.

A questão da função constitucional das FA provocou inúmeras discussões ao longo do tempo, por meio das propostas apresentadas. Os pontos mais importantes dessa discussão foram a possibilidade de intervenção interna e quem seria considerado capaz de autorizar a intervenção. A divisão de águas se deu justamente neste ponto, pois aqui estava em jogo a autonomia militar e determinados conceitos importantes para o imaginário da corporação, tais como a "ordem", a "pátria" etc.

As propostas apresentadas variavam no tratamento dessas questões desde o projeto feito pela comissão liderada por Afonso Arinos até o texto final votado pelos constituintes. Em todo esse período, funcionou com bastante eficiência o "lobby" militar, ao garantir os interesses das três Forças, representadas pela posição dos seus chefes, sob pena de pôr em risco o próprio processo de transição política em curso.

Segundo os militares, dever-se-ia manter os atributos às FA iguais aos que constavam na Constituição, outorgada em 1967 por elas mesmas. Principalmente o general Leônidas Pires Gonçalves foi pródigo ao dar declarações a respeito. A mais conhecida destas foi na reunião ministerial de agosto de 1987, onde o "ronco da caserna" ecoou no Congresso Constituinte como um protesto às virtuais mudanças do que fora admitido pelos militares. Aqui as opiniões dos constituintes se dividiam em face do ocorrido. Mesmo as lideranças parlamentares tiveram que negociar com os chefes militares uma decisão que representasse o consenso. Houve reação de parlamentares "progressistas" que viram nisto, ao mesmo tempo, uma demonstração de fraqueza do Congresso e de força do "lobby" militar. Houve interpretações que deram ao "ronco" outra dimensão: o protesto contra a anistia aos cassados ou a possibilidade de implantação do parlamentarismo. De todo modo, foi uma demonstração explícita do "lobby", por meio do maior de seus agentes.

Por sua vez, a proposta da Comissão Arinos dizia que as FA "Destinam a assegurar a independência do país, a integridade do seu território, os poderes constitucionais e, por iniciativa expressa destes, nos casos estritos da lei, a ordem constitucional"[58].

O projeto final da Comissão de Sistematização considerava as FA como estava escrito antes, acrescentando a expressão "lei e ordem" no final[59].

O texto final, aprovado pelos constituintes, que se tornou o Artigo 142 da Constituição, ficou sendo o seguinte:

> As Forças Armadas, constituídas pela Marinha, pelo Exército e pela Aeronáutica, são instituições nacionais permanentes e regulares, organizadas com base na hierarquia e na disciplina, sob a autoridade suprema do presidente da República e destina-se à defesa da Pátria, à garantia dos poderes constitucionais e, por iniciativa expressa de um destes, da lei e da ordem[60].

A manifestação dos parlamentares constituintes e seu respectivo posicionamento em relação ao estatuto das FA ocorreram desde o início da instalação da Comissão da Defesa do Estado, Partidos e Eleições da qual fazia parte a subcomissão da Defesa do Estado, das Instituições Democráticas e Segurança Pública. As demais manifestações pró ou contra foram feitas durante o período de comunicações na tribuna conhecido como "pinga-fogo". Ali, deputados e senadores, inclusive os que não faziam parte da Comissão e Subcomissão respectiva, posicionaram-se acerca do tema[61].

---

[58] *Diário Oficial da União*, Suplemento especial, de 26 de setembro de 1986. Disponível em: https://www.senado.leg.br/publicacoes/anais/asp/CT_Abertura.asp. Acesso em: 15 maio 2020.

[59] Disponível em: https://www2.camara.leg.br/atividade-legislativa/legislacao/Constituicoes_Brasileiras/constituicao-cidada/o-processo-constituinte/comissao-de-sistematizacao/segundo-substitutivo-do-relator. Acesso em: 15 maio 2020.

[60] CÂMARA DOS DEPUTADOS. *Constituição da República Federativa do Brasil 1988*. Brasília: Centro de Documentação e Informação, 1988.

[61] POLÍTICOS debatem ação militar. *Gazeta Mercantil*, [s. l.], 12 mar. 1987, s/p. Disponível em: www2.senado.leg.br›bdsf›bitstream›handle.1. Acesso em: 15 maio 2020.

Desde o início dos trabalhos, pode-se registrar que as posições variavam conforme a concepção político partidária, se bem que foi possível encontrar dentro de um mesmo partido tratamento diferenciado aos militares; genericamente, porém, permaneceu a regra da coerência ideológica, apesar de os partidos no Brasil serem um tanto descaracterizados ideologicamente. Nesse caso, o quadro que podemos montar é o expresso a seguir:

1. Progressistas

Bloco composto por membros de Partido dos Trabalhadores (PT), Partido Democrático Trabalhista (PDT), Partido Comunista Brasileiro (PCB), Partido Comunista do Brasil (PCdoB), Partido Socialista Brasileiro (PSB), Partido Municipalista Nacional (PMN), Partido da Social Democracia Brasileira (PSDB) e alguns membros do Partido do Movimento Democrático Brasileiro (PMDB). Esse bloco defendia a saída dos militares no plano político interno em qualquer hipótese, deixando-os responsáveis somente pela defesa externa, conforme, por exemplo, José Genoino (PT-SP)[62]. Os progressistas atacavam os fundamentos da DSN, a tutela militar e o SNI chefiado por militares e apontava para a indefinição proposital da expressão "lei e ordem" no texto constitucional em vigor. Além disso, propunham a criação de um MD, chefiado por um civil, maior profissionalização e menor politização dos militares enquanto corporação, e eram favoráveis à extensão dos direitos políticos a todos os membros da tropa: dos soldados aos oficiais. Esse grupo, por meio do deputado Lysâneas Maciel (PDT-RJ), apresentou no início dos trabalhos um projeto de resolução para impedir que os líderes militares se pronunciassem oficialmente a respeito da situação política do país, principalmente em função da Constituinte e suas

---

[62] ASSEMBLÉIA Nacional Constituinte. *Diário da Assembleia Nacional Constituinte*, Brasília, ano 1, n. 38, quinta-feira, 2 abr., 1987, p. 4-5. Disponível em: www.senado.gov.br›publicacoes›anais›constituinte n°38quinta-feira,2deabrilde1987brasília-dfassembléia. Acesso em: 20 maio 2020.

decisões. O projeto foi recusado em plenário[63]. A justificativa de tal projeto partiu da crítica à ingerência, à tutela militar e às constantes pressões aos parlamentares feitas pelo Executivo e pelas FA como fatos que impediam a organização de uma sociedade democrática e desrespeitavam a soberania da Constituinte. Neste mesmo sentido, foram levantadas vozes contra o "lobby" militar, enquanto demonstração de um quarto poder exercido pelas FA de forma estranha a suas atribuições naturais. As acusações ao "lobby" militar foram feitas com base na distribuição, pelo Ministério do Exército, de um manual aos parlamentares contendo propostas sobre temas constitucionais julgados dignos de análise. Estenderam as acusações ao deputado Ricardo Fiúza (PFL-PE), isto é, de ser esse o líder da "bancada militar" e parlamentar mais ligado ao "lobby" dos oficiais de gravata, o que seria incompatível com a sua função de relator da subcomissão que tratou do assunto.

Os parlamentares progressistas acusaram os ministros de formarem um "triunvirato militar" que, constantemente, mandava recados à Constituinte. A resposta a esses recados foi feita por seus membros, como Plinio de Arruda Sampaio (PT-SP)[64], que defendeu a competência popular para criar as suas próprias regras. Portanto, os ministros militares não poderiam intervir nos assuntos que diziam respeito à decisão dos parlamentares, tais como mandato, forma de governo etc.

A única proposta de papel alternativo para as FA no plano interno foi feita pelo deputado Paulo Ramos (PMDB-RJ). Nela, as FA teriam atribuições semelhantes às da Polícia Federal, sendo

---

[63] CÂMARA DOS DEPUTADOS. Um homem sem medo. *In*: GUIMARÃES, H. (org.). *Perfis parlamentares, no53, Lysâneas Maciel*. Câmara dos Deputados, Brasília, 2008, p. 90-91. Disponível em: bd.camara.leg.br›bdcamara›perfislysaneasmaciel. Acesso em: 21 maio 2020.

[64] SAMPAIO, P. de A. Constituinte e participação popular. *Folha de S. Paulo*, [*s. l.*], 4 abr. 1985. Disponível em: https://www2.senado.leg.br/bdsf/handle/id/29/browse?type=author&value=Sampaio%2C+Plinio+Arruda. *Cf.* também SAMPAIO, P. de A. A dignidade do plenário. Folha de S. Paulo, [s. l.], 24 jul. 1987. Disponível em: https://www2.senado.leg.br/bdsf/handle/id/128551 e https://www2.senado.leg.br/bdsf/handle/id/29/browse?type=author&value=Sampaio%2C+Plinio+Arruda. Acesso em: 27 maio 2020.

responsáveis pelo combate ao contrabando, ao narcotráfico, à destruição da flora e da fauna e das jazidas de minerais estratégicos[65].

2. Conservadores

Grupo formado por parlamentares adesistas em relação ao governo e outros que, em não sendo da situação, agiam em conformidade com o poder. Desse grupo faziam parte os políticos de Partido da Frente Liberal (PFL), Partido Democrático Social (PDS), parte do PMDB, Partido Democrata Cristão (PDC), Partido Trabalhista Brasileiro (PTB) e Partido Liberal (PL), que formavam a bancada militar. Esta era formada por parlamentares, dos quais alguns deles eram ex-integrantes das FA, como Ricardo Fiúza, Jarbas Passarinho, Ottomar Pinto e Virgílio Távora etc. Sua posição era a de que as FA deveriam manter a tradição da defesa interna como garantidoras da lei e da ordem, além da defesa externa. Uma justificativa feita pelos conservadores para a permanência da expressão "lei e ordem" é a garantia dos pleitos eleitorais, por causa da necessidade de que eles sejam realizados com o máximo de tranquilidade possível, mantendo, assim, o que chamaram de um "mínimo de defesa" necessário. Seus membros retomaram o discurso do binômio Segurança e Desenvolvimento como componente fundamental para a paz, a ordem e a estabilidade política e apontaram para o risco da subversão, como era justificada por um dos seus membros, como o senador Ricardo Fiuza[66]. Do mesmo modo, o grupo conservador defendeu as intervenções militares como tendo raízes mais profundas. O próprio Fiúza e outros, como o deputado Ottomar Pinto (PTB-RR), pensavam que a última coisa que interessava aos militares era o poder político, haja vista o desgaste que ele provoca na corporação – por

---

[65] BASES legais para a intervenção militar. *Gazeta Mercantil*, [s. l.], 27-29 ago. 1988. Disponível em: www2.senado.leg.br>bdsf>bitstream>handle. Acesso em: 24 maio 2020.

[66] TRAIÇÃO de Cabral tem várias versões. *Folha de S. Paulo*, [s. l.], 6 jul. 1987. *Cf.* ainda "Militares têm direito a 'lobby', diz Fiúza. Outro artigo ilustrativo na mesma edição é "Forças Armadas querem manter funções da Constituição atual", escrito por Marcelo Mendonça, apresentado um quadro das propostas. Disponíveis em: *www2.senado.leg.br*>bdsf>bitstream>handle. Acesso em: 23 maio 2020.

essa razão, era necessário, portanto, pôr fim à discriminação feita aos militares e não alimentar um espírito revanchista.

Nos debates no âmbito da Comissão Temática, houve manifestação de apoio desse grupo aos pronunciamentos dos chefes militares, citando alguns dos seus trechos literalmente. Por exemplo, como expresso na ordem do dia, em que os militares preconizaram a substituição da "força dos argumentos pelo argumento da força, caso aconteça alguma ameaça à transição política e às aspirações nacionais".

Quanto à criação do Ministério da Defesa, os conservadores argumentavam que o Emfa já cumpriria o papel da unificação operacional das três Forças e que a presença de um civil seria dispensável[67].

3. Moderados

Esse grupo era composto por deputados e senadores favoráveis a uma posição semelhante à do projeto da Comissão Arinos. Eles pretendiam subordinar as intervenções militares ao poder civil, embora mantendo a "lei e a ordem", ou então qualificar tal ordem como sendo a "ordem constitucional". Para o grupo a questão da lei e da ordem poderia ser mantida por meio da autorização de um dos poderes constitucionais para iniciar a intervenção. Isto poria fim à tutela militar, segundo os moderados. Essa argumentação foi defendida pelo senador Fernando Henrique Cardoso (PMDB-SP) e pelo relator da Comissão de Sistematização Bernardo Cabral (PMDB-AM)[68], enquanto uma concessão aos reclamos dos chefes militares, sobretudo no episódio da reunião ministerial em que o general Leônidas Gonçalves tomou a palavra para fazer críticas aos progressistas. Assim, o texto apresentado inicialmente, conhecido como Cabral I, foi significativamente modificado dadas as exigências

---

[67] O Ministério da Defesa só foi criado em 1999, no governo de Fernando H. Cardoso, segundo ele, visando dar mais operacionalidade à administração das FA. Mesmo assim, houve algumas resistências de alguns chefes militares. *Cf.* OLIVEIRA, E. R. de. *Democracia e defesa nacional*: a criação do Ministério da Defesa na Presidência de FHC. Barueri: Manole, 2005.

[68] *Ibidem.*

postas pelos militares. A segunda proposta do relator, o texto Cabral II, incorporou mudanças, por exemplo: enquanto o primeiro tratava de assegurar a expressão "ordem constitucional" e a autorização dos três poderes para intervir, o segundo adotou a expressão "lei e a ordem como a iniciativa de um dos poderes constitucionais". Os moderados também evocaram o argumento da tradição e reconheceram as FA como "instituições fundamentais" para o processo político brasileiro, adotando, assim, uma postura realista, segundo um de seus integrantes. A partir daí, foi contestado o que eles chamaram de "síndrome das mudanças", ou seja: por conta das mudanças sociais e políticas da transição, querer modificar o estatuto das FA é ingenuidade e ignorância de seu lugar histórico.

Esse grupo foi favorável a uma maior profissionalização e politização dos militares para diminuir o distanciamento entre civis e FA por achar que a dicotomia que se criou entre ambos era falsa.

À medida que o processo foi se desenrolando, houve a tentativa de acomodação e entendimento das três correntes existentes, desde a discussão na comissão até a votação em plenário em dois turnos, dando a vitória à postura moderada. Se bem que o grupo progressista tentou até a última oportunidade fazer passar suas propostas, conciliando apenas no que tange à qualificação da ordem constitucional e ao condicionamento da intervenção à iniciativa expressa dos três poderes. Enfim, conservadores e moderados aprovaram o texto final.

Fazendo uma comparação dessas correntes discriminadas, é possível dizer que, enquanto conservadores e progressistas procuraram manter uma posição mais ideológica, os moderados foram mais pragmáticos na busca da solução para o problema das intervenções militares. Essa posição demonstrou o que ocorreu também na decisão sobre vários outros pontos polêmicos na Constituinte. O pragmatismo dos moderados significou ainda que, na tentativa de superar a dicotomia civil-militar e apontar os equívocos decorrentes, o maniqueísmo continuou existindo por parte das FA, ao pressionarem-se os parlamentares para manterem a possibilidade de intervenção e a tutela. Isto aconteceu porque, no texto aprovado da nova Constituição, continuaram sendo consideradas como árbitros e salvadores da pátria, mantendo seu papel político interno.

Por sua vez, os progressistas tinham consciência de que modificar o texto seria muito difícil e, por si só, insuficiente. Eles sabiam também que havia risco de naufragar a transição, caso a sua proposta inicial fosse aprovada. Então, sustentaram uma "guerra de posição" durante os debates, marcando sua presença nos debates. Ao mesmo tempo, tentaram conciliar-se com os demais parlamentares para verem alguma de suas reivindicações atendida, mas saíram perdedores em tudo. O mesmo se deu também em relação à anistia, conforme veremos adiante.

É importante dizer: não obstante o argumento, levantado pelo bloco conservador, de o "lobby" militar ter sido mais eficiente do que no tempo da ditadura, isso esconde uma questão fundamental, isto é, antes não era necessário fazer pressão alguma sobre o poder político para atender a interesses de corporação militar pelo simples fato de que esta ocupava ostensivamente o poder. A mudança qualitativa ocorrida, de fato, foi a de que, se antes as FA contavam com as "vivandeiras de quartel" para agirem, na Nova República essa prática diminuiu e deu lugar a uma forma mais precisa e eficaz em termos de resultado. Por isso, não se pode acusar os civis simplesmente de fragilidade por causa da existência do "lobby militar", mas deve-se levar em conta a crescente autonomia e coesão interna das FA.

Com a descrição dos tipos de concepção e posicionamento, percebe-se, enfim, que houve diferenças significativas entre as propostas apresentadas, donde é possível fazer algumas observações, conforme seguem.

1. Em termos de defesa interna, todas, exceto a das FA, admitem explicitamente a intervenção só com a autoridade expressa de um dos poderes constitucionais, ou nos casos previstos em lei.

2. Em vez de Pátria, o texto da Comissão Arinos destinou os militares para defenderem a independência e a soberania

do país, além dos poderes constitucionais. É importante ressaltar esse aspecto, porque a palavra "Pátria" estava desgastada pelo seu uso, muitas vezes inadequado, pela elite política. Seu conteúdo era um tanto vago, podendo significar a exaltação e manipulação de supostos valores nacionais pela classe dominante, dando abertura para a intervenção quando esses valores eram ameaçados. Além disso, aquela era uma palavra sempre invocada na história republicana pelas intervenções militares para legitimar as ideologias que as sustentaram, com um sentido confuso ou falso.

3. No Projeto Arinos e no da Comissão de Sistematização, a ordem a ser defendida era a ordem constitucional. Entretanto, segundo as FA e os parlamentares responsáveis pelo texto aprovado, privilegiaram-se as tradicionais expressões "lei e ordem", apesar de indefinidas e darem margem a interpretações subjetivas por parte de vários civis e militares. Entretanto, em conversas informais, o senador Afonso Arinos (PFL-RJ) teria tentado explicar aos ministros militares que "a lei e a ordem" eram palavras tiradas da legislação estadunidense e, quando traduzidas para o português, ganharam significado distinto do original, pois, no mundo anglo-saxão, a lei significaria o Direito, e a Ordem o Costume da sociedade. Portanto, não possuíam, em si, uma conotação capaz de perpetuar o autoritarismo, tampouco uma atitude justificadora de um poder moderador e tutelar dos militares sobre o Estado e a da sociedade, sobretudo por causa da suposta continuidade da subversão comunista no país.

4. No texto aprovado, não existia a expressão dúbia da "obediência dentro dos limites da lei" nem a expressão "essenciais à política de Segurança Nacional". Porém, o papel político dos militares foi preservado pela determinação

da garantia dos poderes, além da própria garantia da lei e da ordem.

5. O desemprego estrutural continuou um problema a ser resolvido, pois não houve decisão sobre um papel alternativo para as FA. Assim, além da defesa nacional, a ênfase continuava a ser dada à segurança interna.

6. Na medida em que a ênfase continuou, aconteceu o mesmo com o papel militar de moderar os conflitos. Não somente os da sociedade civil, mas também os conflitos políticos no seio do próprio aparelho do Estado, quando foi atribuída às FA a garantia dos poderes constitucionais.

7. A iniciativa da intervenção interna não foi determinada claramente no que se refere à instância do poder constitucional considerado competente para autorizá-la. Esse problema poderia acontecer, particularmente, no caso do Poder Judiciário, que, mesmo na alçada federal, tem vários níveis decisórios; portanto, a autorização poderia ser dada por um juiz de província ou pelo presidente do Supremo Tribunal Federal (STF).

Decerto, funcionou com eficácia o "lobby" militar em não permitir expressões contrárias ao seu interesse (anteriormente, a Comissão Arinos teria proposto que as FA permanecessem responsáveis somente pela defesa externa, o que de pronto foi vedado pelos ministros militares, pois isso levaria a uma situação considerada inadmissível por eles). A própria modificação do texto da sistematização em relação à decisão final incorporou as pressões militares nas negociações: admitiu-se a iniciativa a um dos poderes constitucionais, mas deixou-se de lado a qualificação da "ordem", recolocando-a junto da "lei".

A decisão da Constituinte trouxe consigo consequências que representaram problemas para a situação política do país, especialmente no que se refere à garantia da democracia de maneira mais efetiva e consolidada. Isso significa dizer algo problemático, segundo os argumentos a seguir.

Em primeiro lugar, porque permaneceu o intervencionismo, agora revestido com um artifício legal. Isso só trouxe grande vantagem para as FA: manter a possibilidade de intervenção sem, no entanto, sofrer desgaste, posto que o intervencionismo passou a ser do poder constitucional que a autoriza.

Em segundo lugar, o fato de a autorização passar aos poderes constitucionais não assegura a democracia, apesar de manter sua soberania (eles podem autorizar para instituir uma ditadura, por exemplo). Assim, garantir a Pátria e os poderes constitucionais não significa garantir a democracia, como já foi provado pela história recente do Brasil.

Em terceiro lugar, há uma contradição na decisão, na medida em que, sendo o presidente da República o comandante supremo das FA, como ficaria a situação se o Legislativo e/ou o Judiciário autorizassem intervir sem a anuência do Executivo? Haveria grande possibilidade de criar-se um conflito de poder entre os Três Poderes.

Em quarto lugar, prever no texto constitucional, mesmo que justificada, uma intervenção militar é atestar de forma precoce a fragilidade, o fracasso e a incompetência do poder civil em conduzir o processo político. Afinal, "a lei e a ordem" a serem garantidas estão na razão direta da versão castrense de como devam se comportar os políticos e a sociedade em geral.

Algumas dessas consequências puderam ser comprovadas depois da promulgação da Constituição em 5 de outubro de 1988, quando as FA foram convocadas a reprimir greves nas empresas estatais – o exemplo mais marcante foi o de Volta Redonda, em novembro do mesmo ano, apesar de haver certa discussão a respeito da validade dessa intervenção militar e da sua autorização. Como nessa ocasião também ocorreram mortes de operários, a imagem do Exército perante a opinião pública sofreu algumas ranhuras e trouxe um ônus político para o governo, por meio da contribuição para o aumento da indignação geral, posteriormente manifesta nas urnas.

Mesmo assim, esse episódio foi insuficiente para reverter as conquistas do "lobby" militar em curto/médio prazo. As condições concretas que podiam mudar essa realidade ou preservá-la são assunto para posterior discussão neste trabalho.

Aqui se pôs uma questão muito importante, em função da missão, do preparo e do emprego das FA brasileiras, segundo a Constituição, pois a polêmica redação do termo "lei e ordem" tem criado bastante confusão ao longo do tempo, até os dias atuais, desde as proposições defendidas pelos parlamentares constituintes dos grupos conservador e moderado e do "lobby" militar. Existe, então, a perspectiva de que a missão das FA envolve questões jurídico-institucionais de ação direta contra o crime organizado, por exemplo, narcotráfico e contrabando de armas, ou indireta, apoiando as polícias de jurisdição federal ou as polícias estaduais, naquilo que o ambiente intelectual e político internacional passou a chamar de "novas ameaças"[69]. Os sucessivos usos das FA para agirem diretamente ou em apoio às polícias na região rural, assim como nas médias e grandes cidades, considerando o exemplo de Volta Redonda, até os dias atuais, predominam nas determinações políticas federais e estaduais. Aqui é candente o que vem ocorrendo em algumas capitais, das quais o Rio de Janeiro é o caso mais destacado por razões culturais, econômicas e políticas. Essa postura corrobora tal perspectiva e torna as FA uma espécie de superpolícia, ou gendarmeria, afastando-se de sua função precípua, que se refere à defesa contra agressões externas, guerras e conflitos internacionais e missões de paz feitas fora do território nacional sob o mandato da Organização dos Estados Americanos (OEA) ou da Organização das Nações Unidas (ONU). Essa mesma concepção defende que a expressão "lei e ordem" significa manter a situação contra os "inimigo interno" (ou seja, os ditos subversivos de esquerda, também chamados genericamente de "comunistas"), do mesmo modo que a tradição da DSN previa nos tempos da Guerra Fria e da ditadura militar, levada a termo pela

---

[69] PERALTA, G. A. Las amenazas irregulares en la agenda de seguridad de Centroamérica. *In*: PERALES, J. R. (org.). *Reforma de las Fuerzas Armadas en América Latina y el impacto de las amenazas irregulares*. Washington, DC: Wilson Center / NDU-CHDS, 2008.

hegemonia da superpotência estadunidense em combinação com as "elites orgânicas" dos países latino-americanos, inclusive o Brasil.

Por outro lado, os críticos dessa perspectiva, como o grupo progressista de constituintes preconizava, argumentaram que o escrito no texto constitucional, em seu Artigo 142, era algo feito exatamente para manter as FA numa posição de tutela aos civis e conservar sua índole intervencionista, a fim de ser a *ultima ratio* na resolução de conflitos entre civis na sociedade ou no Estado. Nesse sentido, conserva-se o autoritarismo, pela percepção de que as FA se tornam, na verdade, um poder moderador, dado que os civis não teriam condições de tratar de seus problemas por si próprios. Isso compromete a manutenção da democracia, pois trata-se de um regime em que liberdades, diferenças, conflitos e manifestações plurais estão na sua base constitutiva, que consagra ideologias dos diversos matizes e direções, como direita, centro e esquerda. Ademais, a questão das atividades militares na segurança pública seria básica e, muitas vezes, de cunho claramente eleitoreiro, além de enfraquecer a capacidade das polícias, e torna-se um problema para as próprias FA, que acabam perdendo oportunidades maiores de capacitação e treinamento para a guerra convencional e conflitos internacionais. Isso sem contar o risco do envolvimento direto de seus membros em atividades ilícitas e corruptas, tornando-se agentes daquilo que pretenderiam combater. Desse modo, melhor seria que, para as questões de manutenção da lei e da ordem, utilizasse-se a ação tradicionalmente consagradas às polícias e que o Estado federal constitua um gendarmeria, ou guarda nacional, distinta das atribuições da Marinha, do Exército e da Aeronáutica, a fim de que estas se dediquem apenas às questões externas, como o grupo progressista de constituintes preconizava[70].

3.1.2 A anistia

A anistia aos militares cassados foi o segundo pomo de discórdia entre poder civil e militar, além de ser o outro ponto de honra do "lobby" das FA, que as tocava profundamente por causa da hierarquia e da disciplina.

Eliézer R. de Oliveira fez três considerações importantes sobre a anistia no período de distensão e abertura, que, a meu ver,

---

[70] Essa é a mesma posição que está presente na argumentação do autor deste trabalho, corroboradas pelos diversos acontecimentos problemáticos em termos de segurança pública e ação política de civis e militares no Brasil, ao longo do fim do século XX e início do século XXI. Cf: ZAVERUCHA, J. *FHC, Forças Armadas e polícia.* Rio de Janeiro: JZE, 2005. Cf também: SILVEIRA, C. de C. Para que, Forças Armadas?! Alguns apontamentos sobre o uso dos militares no combate ao narcotráfico na cidade do Rio de Janeiro. *E-Premissas*, [s. l.], NEE-UNICAMP, n. 1, p. 31-47, jun./dez. 2006. Cf também SILVEIRA, C. de C. Derechos humanos y violencia en Rio de Janeiro: para que sirven los militares? *In:* ALDA MEJÍAS, S.; SAINT-PIERRE, H. L. (org.). *Gobernabilidad y democracia:* defensa y transiciones de Brasil y España. Santiago de Chile: RIL Editores, 2012.
Para analisar a transição antes e depois de Sarney, ver OLIVEIRA, E. R. de. *De Geisel a Collor:* Forças Armadas, transição e democracia. Campinas: Papirus, 1994.
No que diz respeito à realidade brasileira das relações civis-militares e aos governos depois de Sarney, ver também: MEI, E.; MATHIAS, S. K. Fuerzas Armadas y gobernabilidad en el gobierno Lula. *In:* ALDA MEJÍAS, S.; SAINT-PIERRE, H. L. (org.). *Gobernabilidad y democracia:* defensa y transiciones de Brasil y España. Santiago de Chile: RIL Editores, 2012.
Cf também: SAINT-PIERRE, H. L. La construcción de la defensa en el Brasil contemporáneo. *In:* ALDA MEJÍAS, S.; SAINT-PIERRE, H. L. (org.). *Gobernabilidad y democracia:* defensa y transiciones de Brasil y España. Santiago de Chile: RIL Editores, 2012. E ainda, SOARES, S. S. A. Las percepciones sobre amenazas y cooperacion en lãs políticas de defensa de Argentina, Brasil y Chile. *In:* ALDA MEJÍAS, S.; SAINT-PIERRE, H. L. (org.). *Gobernabilidad y democracia:* defensa y transiciones de Brasil y España. Santiago de Chile: RIL Editores, 2012.
Ao longo do processo democrático recente, a constante ação política militar deu-se, de modo especial, no período dos governos lulo-petistas entre 2003 e 2016, encerrado com um afastamento da presidente, entendido como golpe político-institucional perpetrado pela elite civil e militar, com apoio de diversos setores da sociedade. Esse episódio foi importante para manter as FA mobilizadas em relação ao poder, contribuindo para a consolidação da volta do tradicional "partido fardado", que estava morto desde a ditadura. Cf FERREIRA, O. dos S. *Vida e morte do partido fardado.* São Paulo: Senac, 2000.
A respeito desta crise político-institucional recente, ver FREIXO, A.; RODRIGUES, T. Introdução: sobre crises e golpes ou uma explicação para Alice. *In:* FREIXO, A.; RODRIGUES, T. (org.). *2016, o ano do golpe.* Rio de Janeiro: Oficina Raquel, 2016.

são úteis para o tratamento dessa questão no período da Nova República[71]. Para esse autor:

1. a anistia representou a possibilidade de democratização radical, de afastamento do poder militar do centro do poder e da elevação da sociedade política à direção do Estado;

2. a anistia correspondeu a uma condição de reorganização do país;

3. após a anistia, houve, no entanto, a criação de um muro protetor em torno dos objetivos mais importantes na manutenção da autonomia militar, que dificilmente será transposto pelo processo político.

Interessa aqui fazer uso da última tese para tratar da polêmica em torno da anistia, considerada pelos próprios constituintes como uns dos assuntos mais controvertidos e delicados da Nova Constituição. O poder civil, de fato, não conseguiu transpor esse muro e a vitória do "lobby" militar foi mais uma vez alcançada, pondo por terra as propostas apresentadas por parlamentares e pelos militares cassados, também agindo via "lobby".

Da mesma forma que no caso da função constitucional, foram apresentadas propostas conflitantes, a saber: no entendimento das FA, não deveria ser concedido mais do que estava contido na Emenda Constitucional 26, que convocara a Constituinte, em novembro de 1985. Nela, a reversão ou a readmissão do anistiado no serviço ativo deveria respeitar as peculiaridades e os regimes jurídicos das carreiras com base na exclusiva iniciativa, competência e critério da Administração Pública. Ademais, seria concedida promoção, na aposentadoria ou na reserva, a civis e militares, respeitando os critérios de antiguidade.

Vê-se que a maior discussão sobre a anistia girava em torno do problema da concessão da aposentadoria aos cassados com a

---

[71] OLIVEIRA, 1987.

possibilidade de indenização retroativa e da reintegração à tropa. De forma semelhante à questão dada à função constitucional, os parlamentares dividiram-se em três grupos.

Os progressistas defendiam a indenização retroativa ao período da punição e a reintegração, tal como era a reivindicação inicial dos cassados. Como se tornara difícil a aceitação dessa proposta, abriu-se mão da reintegração e passou-se a lutar pela indenização. Na emenda feita pelo deputado Roberto Freire (PCB-PE), constava a anistia a todos que foram punidos, inclusive aos marinheiros que se rebelaram em 64, com indenização a partir da promulgação da Constituição. A resistência a essas posições continuou grande, e, para solucionar o impasse, o senador Mário Covas (PMDB-SP) encaminhou para a votação uma emenda que contemplava os que tinham sido cassados por motivos políticos com base em atos administrativos. Para ele, seria injusto deixar de fora da anistia os que apenas cumpriam ordens de oficiais superiores; essa emenda foi rejeitada em plenário também. Como última tentativa, o deputado Brandão Monteiro (PDT-RJ), adotando uma tese moderada, propôs que os cassados tivessem chance de reivindicarem integralmente seus direitos no STF. Isso também foi negado.

Por sua vez, os conservadores só admitiam qualquer indenização a partir da promulgação da Constituição. Eles eram contra a anistia aos punidos por ato administrativo por entenderem que isto afetaria a hierarquia e a disciplina militar. Assim, o deputado Ottomar Pinto comparou a ação dos marinheiros em 1964 com o "Encouraçado Potenkin"; ou seja, uma rebelião contra a ordem instituída e insurreição à Pátria. A defesa dos conservadores contra os progressistas baseava-se também no alto custo que a indenização retroativa traria para o Tesouro Nacional. Segundo os números apresentados (baseados nos cálculos dos assessores militares), a cifra chegaria à quantia de 70 milhões de cruzados. Os progressistas contra-argumentaram dizendo que não passariam de 17 milhões de cruzados.

Os parlamentares moderados eram favoráveis a que os prejudicados pela cassação pudessem recorrer ao STF ou que a indenização fosse retroativa pelo menos cinco anos. Outros, como o relator da Comissão de Sistematização e os conservadores do "Centrão", consideravam que a punição por ato administrativo, a reintegração à tropa, a anistia aos marinheiros e a indenização retroativa não eram possíveis. Essa proposta foi aprovada e tornou-se o texto em vigor, com a extensão da Emenda 26.

A Comissão Arinos foi mais longe ao acrescentar aos benefícios da Emenda 26 o direito de promoção, efetivação e reintegração imediata com todos os direitos a vencimentos, vantagens e ressarcimentos dos atrasados. E prevê a indenização das famílias dos mortos ou desaparecidos nos tempos da repressão política.

O projeto do relator Bernardo Cabral ampliou os efeitos da Emenda 26 para os punidos desde 1946, e não somente entre 1961 e 1979, conforme essa emenda. As punições mencionadas pelo projeto foram as que "ocorreram em decorrência de motivação exclusivamente política".

A proposta dos militares cassados apoiava o Projeto Cabral, mas também reivindicava a reintegração de civis e militares no serviço ativo, como se estivessem em atividade. Aquela garantia todas as promoções, respeitando somente os limites de idade e submetendo os reiterados a um curso de atualização, que, segundo eles próprios, não seria por demais complexo, haja vista que as FA não haviam mudado muito a sua estrutura ao longo dos últimos 20 anos.

O movimento dos militares cassados anteriormente divulgou um manifesto em que se chamava a atenção para a "síndrome do golpe" criada pelos protestos dos chefes militares. O manifesto afirmava que os cassados buscavam justiça em função dos arbítrios do autoritarismo.

A contestação dos chefes foi feita em alguns pronunciamentos de ataque à postura dos parlamentares desde a Comissão de Sistematização e retumbou na conhecida reunião ministerial em agosto de 1987, por meio do general Leônidas Gonçalves.

Por ocasião da decisão, parlamentares ligados às FA e o então ministro da Marinha argumentaram que, como os cassados haviam sido punidos tendo por base os regulamentos militares, a anistia feria seriamente a hierarquia e a disciplina na corporação; fora, portanto, uma "vitória da sensatez" a decisão dos constituintes.

Todo esse processo de discussão e de manifestação tem implicações importantes, como segue.

1. A vitória do "lobby" dos "oficiais de gravata" e dos chefes demonstra que as FA rejeitaram claramente a politização no seu interior. Aqui se entende politização como sendo causa de clivagens existentes com base em posicionamento ideológico distinto dentro da corporação.

2. A concessão da anistia conforme foi reivindicada pelos cassados com o encaminhamento ao plenário abalaria não a hierarquia e a disciplina, mas sim os alicerces da versão oficial do ocorrido em 1964 e defendida pelas FA. Porém, o argumento de que o texto aprovado foi o máximo concedido e não haveria condições de os cassados se requalificarem é falso e servia para encobrir a razão fundamental da rejeição: pôr em xeque a autonomia das FA e sua mobilização política e ideológica, pelo menos nos escalões superiores.

3. A negação da anistia mostra na prática que os militares não estão dispostos a fazer autocrítica de sua imagem e dos tempos em que estiveram na linha de frente do poder. Caso contrário, dar-se-ia margem a um processo contestatório interno e externo de sua atuação antes e durante a Nova República, que poderia levar a uma crise da instituição militar, o que repercutiria forçosamente nas instituições políticas.

4. Este problema se relacionava com outro de igual proporção: a impossibilidade concreta de julgamento dos militares pelos civis, na medida em que fosse aprovada a anistia, o que poderia levar a uma situação semelhante ao

que houve na Argentina (se bem que devesse ressalvar as diferentes causas e implicações). Os militares brasileiros sempre revelaram certo temor de que isso acontecesse. Entretanto, deve-se considerar que o poder civil no Brasil não demonstrava disposição em patrocinar e levar a cabo nenhum julgamento de consequências concretas. Isso já estava claro desde a abertura política e, também, expresso na popularizada frase "Revanchismo não!", dita pelos militares e repetida pelos civis a eles aliados.

5. A questão da anistia feria mais profundamente a autonomia dos militares enquanto corporação do que a da função constitucional, porque, enquanto esta possui uma dimensão de "cordialidade" na relação com o poder civil, a outra daria margem a que os militares sofram ingerência dos paisanos nas suas questões internas. Apesar de se acharem capazes de interferir na sociedade, era impossível para eles admitirem a interferência da sociedade em suas questões internas. Isto demonstrava a marcada diferença entre militares e paisanos e que está no cerne da identidade institucional das FA. Essa demonstração de isolamento intramuros exemplificou a característica de "fechamento" das "instituições totais", ainda que estas não sejam, exatamente, os muros dos quartéis. Ele é a linha divisória entre o militar e o paisano, a ordem e o caos.

A terceira tese de Eliezer de Oliveira explica, assim, em parte, a questão da polêmica em torno da anistia na Constituição. Neste caso, também se tentou um esforço grande para transpor os muros da autonomia militar, que se mostrou mais uma vez inexpugnável aos ataques do poder civil quando alguns dos seus membros ousaram atingi-lo[72].

3.2 AS PRESSÕES GERAIS

O outro nível da ação política das FA é o das pressões gerais, feitas tanto sobre o Congresso Constituinte como sobre o governo do presidente Sarney. Nesse campo, os militares também obtiveram vitórias sobre vários assuntos que contaram com a sua influência para serem decididos. Isto ocorreu, inclusive, nos ganhos indiretos, que, conforme apontado, são componentes importantes no alicerce que sustenta a influência política das FA brasileiras.

No que se refere à nova Constituição, os alvos principais das pressões foram concentrados nos seguintes pontos: mandato, forma de governo, reforma agrária, jornada de trabalho, estabilidade e garantia no emprego, direito de greve para os trabalhadores. E ainda num ponto fundamental: a criação do Congresso em Constituinte, em vez de uma Assembleia Nacional Constituinte, eleita sem vinculação partidária e com mandato findo na conclusão da Constituição. Neste caso, os militares ainda deram opiniões contra a autonomia e soberania do Congresso Constituinte, para que este não pudesse ser capaz de instaurar uma nova ordem política e social no país. Com isso, os seus limites estavam dados pela ordem existente – a mesma que os militares permaneceram responsáveis em tutelar.

---

[72] A polêmica da anistia se estendeu durante os governos que sucederam Sarney: Fernando Collor de Mello (1990 – 1992), Itamar Franco (1992 – 1995), Fernando Henrique Cardoso (1995 – 2003), Luiz Inácio Lula da Silva (2003 – 2011) e Dilma Rousseff (2011 – 2016). Isso porque alguns setores sociais pretendiam que as decisões sobre o tema na Constituição fossem revistas em função de uma questão internacional, levantada na ONU e na OEA, sobre a não prescrição dos crimes de tortura como crimes contra a humanidade. Na América Latina, houve grande mobilização e ação sobre os que estavam à frente das ditaduras passadas e muitos militares foram punidos, o que não ocorreu no Brasil, conforme reiterou o STF. Contudo, para tentar reparar, de algum modo, os atingidos, suas famílias e a memória histórica do país, Cardoso criou a Comissão dos Desaparecidos e Rousseff, a Comissão da Verdade. Ambas, a seu tempo, receberam várias críticas de grupos civis e militares, que tomaram a medida como demonstração de "revanchismo" aos algozes e aos militares da ditadura. *Cf* OLIVEIRA, E. R. de. *Além da anistia, aquém da verdade*: o percurso da Comissão Nacional da Verdade. Curitiba: Prismas, 2015.

Quanto às decisões da administração do país, a ingerência dos militares foi concentrada nos seguintes pontos: o Plano Nacional de Reforma Agrária (PNRA) do governo Sarney, o projeto Calha Norte, a legislação sobre a informática, o chamado então de Programa Nuclear Paralelo, desenvolvido pela Marinha, a política de armamentos, as modificações da política salarial e todas as greves que eclodiram na Nova República, fosse no setor público, fosse no privado.

A descrição de tais pressões nesta parte, no que se refere ao trabalho do Congresso Constituinte, e nas posições por parte dos ministros militares manifestas sobre decisões governamentais, será concentrada nos pronunciamentos dos chefes militares, de membros da "linha dura" e de ex-líderes da ativa e do presidente da República, sintonizado e ancorado nos chefes militares.

Os pronunciamentos das FA sobre a democracia em construção no Brasil tocavam no desfecho da transição política de seus pontos cruciais: o mandato presidencial e a forma de governo que foram decididos pelo Congresso Constituinte. A manifestação dos chefes militares sobre esses pontos revelava diferenças e contradições ao longo da Nova República em função das situações criadas por meio do trabalho constituinte. A prova disso são as declarações feitas ao longo do tempo, em que se destacam suas posições em temas como mandato, forma de governo e eleições, classificados por eles de "arriscado, inconveniente, impróprio etc.". Além disso, existiam os pronunciamentos oficiosos feitos fora da hierarquia de militares da reserva ou da ativa e, por isso, aqui chamados de "rebeldes", feitos tendo o governo e os constituintes como alvo de críticas. Naquela ocasião os militares se sentiam responsáveis e fiadores da transição, razão pela qual avalizam desde o início o atual governo, dando-lhe apoio permanente, além de fazerem questão de tornar seu apoio o mais explícito possível, especialmente nos momentos mais críticos.

No Exército, o general Leônidas Gonçalves, em dezembro de 1985, manifestou-se favorável a que o mandato do então presidente Sarney ficasse entre quatro e seis anos, de acordo com o que fosse decidido pelos parlamentares dentro desse limite de tempo. Exatamente um ano depois, o general disse que cinco anos seriam "um bom prazo", e que o mandato deveria ter a mesma duração para o atual e os futuros presidentes. Porém, por ocasião do início do funcionamento da Constituinte em janeiro de 1987, declarou que mexer no mandato de Sarney, previsto na antiga Constituição que ainda estava em vigor, era "desrespeitar o arcabouço jurídico, incoerência histórica e leviandade geral". Para o general não se deveria excluir Sarney das negociações sobre esse tema porque este tinha se manifestado publicamente favorável a governar por cinco anos. Além disso, na mais notável de suas declarações, dada em reunião ministerial em agosto de 1987, o general atacou a Constituinte pela possibilidade de ser aprovado parlamentarismo como forma de governo. Sete meses mais tarde, em março de 1988, contrariando especulações de muitos, ele divulgou uma nota oficial em que reafirmou, às vésperas da decisão do plenário, sua posição sobre a forma de governo e o mandato: favorável ao presidencialismo e ao mandato de cinco anos. E ainda declarou à imprensa ser "da maior impropriedade eleições este ano", ressaltando que Sarney teria o direito líquido e certo da Constituição por seis anos[73].

Na Aeronáutica, o ministro Moreira Lima, em março de 1988, defendeu o fortalecimento das instituições civis e demonstrou alguma simpatia ao parlamentarismo, mas anunciou que não havia quadro definido em relação ao mandato de quatro ou cinco anos.

O ministro defendeu, dias depois, em outra declaração, segundo ele, "de forma absolutamente democrática", os cinco anos de mandato dizendo ser algo "válido e ético", pois "professores e sindicatos também se manifestam"[74].

Na Marinha, o almirante Sabóia, em abril de 1988, disse "ainda estamos em mar grosso" e, portanto, que eleições naquele ano seriam um risco, pois o Congresso teria muitas leis complementares para

---

[73] CONSTITUINTE define mandato de Sarney, diz Ulysses. *Folha de S. Paulo*, [s. l], 1 abr. 1988. Disponível em: www2.senado.leg.br>bdsf>bitstream>handle. Acesso em: 10 maio 2020.

[74] TUTELA militar volta com Sarney e a Constituinte. *Jornal do Brasil*, 20 mar. 1988, s/p. Disponível em: www2.senado.leg.br>bitstream>handle>20a22demarco–0017. Acesso em: 11 maio 2020.

serem feitas depois da promulgação da Constituição, inclusive sobre eleições. Ressaltando que não falava por toda a área militar, mas pela Marinha, o almirante era contrário à declaração do brigadeiro Camarinha (então ministro-chefe do Emfa), que, na mesma ocasião, afirmou que as FA acatariam qualquer decisão, mesmo que fosse por eleições presidenciais em 1988[75].

No SNI, o general Ivan Mendes teria dito o mesmo que o ministro Sabóia, classificando de "inconveniente" as eleições em 1988, pois o Executivo e o Legislativo precisavam de tranquilidade para elaborar as leis complementares e que, por isso mesmo, fazia contatos para a aprovação dos cinco anos. Às vésperas da decisão pela Constituinte, ele disse que Sarney não aceitaria o parlamentarismo com cinco anos de mandato, conforme propuseram alguns políticos[76].

Na mesma época, para dirimir quaisquer dúvidas, os ministros militares afirmaram conjuntamente que: "As eleições este ano trarão dificuldades insuperáveis que, somadas às dificuldades existentes, podem afetar as instituições e governabilidade do país"[77].

Eles defendiam os cinco anos de mandato, mas divergiam quanto à forma de governo. Até aceitariam o parlamentarismo, caso a Constituinte assim decidisse. Se bem que a proposta de parlamentarismo com cinco anos ainda não tinha sido a eles apresentada.

Assim, a decisão da Constituinte pelo presidencialismo e o mandato de cinco anos para os próximos presidentes foi tomada sob pressão da área militar, que, direta e indiretamente, fez ver aos políticos a real possibilidade de um golpe, caso decidisse pelo parlamentarismo com quatro anos. Esse episódio fora divulgado pela imprensa e ficou conhecido, na opinião pública, como o voto do

---

[75] MINISTRO do Emfa defende cinco anos para Sarney. *Folha de S. Paulo*, [s. l.], 16 mar. 1988. Disponível em: www2.senado.leg.br›bdsf›bitstream›handle. Acesso em: 17 mar. 2020. *Cf.* também edição de 10 de março de 1988, "Mandato é tema de reunião entre militares amanhã". Disponível em: www2. senado.leg.br›bitstream›handle›1988_06a10deMaio_113. Acesso em: 10 jun. 2020.

[76] MILITARES são contra mandato de quatro anos. *Jornal do Brasil*, [s. l.], 11 mar. 1988. Disponível em: http://memoria.bn.br/DocReader/030015_10/159193. Acesso em: 9 maio 2020.

[77] *Ibidem.*

Urutu, em alusão aos blindados do Exército que, geralmente, eram mobilizados para operações da chamada garantia da lei e da ordem.

A análise dos pronunciamentos e acontecimentos, então, leva a concluir o que segue.

1. Havia uma progressividade interessante nas declarações do ministro do Exército, que vão endurecendo de tom e aumento em quantidade, seja quando interrogado, seja quando se dispôs a falar. Nada disso seria anormal, mas, sempre que no Brasil o ministro do Exército fez escolhas políticas, ele carregou a sombra de seu arsenal e sua frota de urutus, espalhando preocupações não só entre os constituintes, mas entre a sociedade civil.

2. Ao contrário do que diziam os militares, seria democrático fazer pressão, entretanto não quando quem a fazia eram os militares. Afinal, seu peso específico era muito maior do que qualquer entidade da sociedade naquela ocasião.

3. Considerar que as eleições eram "um risco e inconvenientes" era subordinar a manifestação da soberania popular a uma estratégia de ocupação do poder de Estado, buscando manter autonomia para manutenção de interesses específicos dos militares/atual governo. Assim, a soberania popular foi trocada pela soberania de um Estado instrumentalizado pelos militares com perfil autoritário.

4. Em que pesem as diferenças apontadas no posicionamento das três Forças, havia uma predominância do Exército sobre as demais. Mesmo procurando não se afastar de uma "postura legalista", ele impôs seu ponto de vista às demais e pressionava os políticos.

5. Ficou evidente que o SNI, ocupado pelos militares, continuou mantendo uma posição altamente política quando seu

ministro-chefe deixou explícito que negociava abertamente sobre questões fora de sua alçada imediata.

Paralelamente aos pronunciamentos dos chefes militares, surgiram vários outros pronunciamentos "rebeldes", mais chegados à chamada "linha dura", que se espalharam em ataque à Constituinte e em críticas ao processo de transição. O mais significativo deles foi o da Associação Brasileira em Defesa da Democracia (ABDD), formada em janeiro de 1985 por militares da ativa e da reserva ligados ao departamento de subversão do Centro de Informação do Exército (Ciex), instrumento de repressão política da ditadura militar envolvido em ações para desestabilizar a candidatura de Tancredo Neves à Presidência em 1985, associando-o falsamente aos comunistas. Segundo registro civil, a ABDD destinava-se[78]:

1. à defesa intransigente dos postulados democráticos;

2. à defesa dos valores morais e espirituais da nação brasileira e de seus sentimentos cristãos;

3. à valorização do país, por meio da promoção dos seus valores, seus símbolos, suas tradições, seus ideais, seus objetivos do espírito de civismo do seu povo, do amor à Pátria e à Nacionalidade.

Entre seus componentes figuravam membros proeminentes da ESG e oficiais que ocupavam postos do segundo escalão do Exército na ditadura militar, além de civis e religiosos participando direta e indiretamente, colaborando com artigos para suas publicações. A principal delas era o jornal *Letras em Marcha*, cuja redação funcionava na casa de um dos seus membros.

---

[78] CONGRESSO vai controlar os atos do Poder Executivo Direita. *Jornal do Brasil*, [s. l.], 17 mar. 1888. Disponível em: *www2.senado.leg.br*›bdsf›bitstream›handle. Acesso em: 27 maio 2020. *Cf* também, na edição de 12 de dezembro de 1988, "Direita se junta em nova entidade e velho discurso". Disponível em: http://memoria.bn.br/DocReader/030015_10/153580. Acesso em: 27 maio 2020.

Os pontos básicos da crítica à conjuntura do país se prendiam ao que seus membros chamavam de "sindicalismo de radicais", "parlamentarismo à esquerda" e "lutar contra o comunismo".

No entanto, em março de 1988 a ABDD mudou de nome para União Nacional em Defesa da Democracia (UNDD) por estar claro que os militares haviam declarado outra profissão para driblar exigências do então Regulamento Disciplinar do Exército (RDE). Eles prosseguiram na crítica aos políticos como "traidores do povo" e às "forças progressistas que destruíram em três anos o que a revolução levou mais de vinte para construir". As críticas feitas à Constituinte eram em função do fim da censura, da licença-paternidade (que ao ver deles torna os brancos e negros em índios) e da limitação da repressão aos crimes. Para eles, a possível eleição em 1988 seria "o caos diante do dramático quadro político que vivemos, em que só os partidos marxistas atuam dentro de uma coerência. Além disso, uma campanha paralisaria ainda mais a atividade econômica do país e afastaria de vez os investidores estrangeiros"[79].

Quanto à atuação dos militares, a UNDD "Está disposta a prestigiar a atuação das FA se elas precisarem intervir, se houver a famosa convulsão social que não pedimos nem queremos. Mas no momento há possibilidade de golpe".

E ainda, no dizer de um de seus integrantes: "Ou jogamos uma cartada decisiva como a de 1964, ou seremos engolidos por essa onda avassaladora de desagregação".

Simultaneamente, e articulado com a ABDD, o ex-presidente João Figueiredo, em outubro de 1987, lançou um manifesto pregando a "união pela democracia", criticando o governo e a Constituinte, que podiam levar o governo a uma "pororoca social" com o crescimento da crise. O governo era criticado pela moratória da dívida, recessão, reforma agrária e aumento da violência. Os ataques à Constituinte iam para a possibilidade de adoção do parlamentarismo. Em termos de democracia, a manifestação de Figueiredo defendia uma "União em torno do ideal democrático, da democracia representativa nos

---

[79] *Ibidem*, s/p.

moldes ocidentais, da eleição direta, do respeito aos direitos da comunidade, enfim, aos direitos do homem nem sempre levados em conta nesse país"[80].

Outra manifestação significativa foi dada pelo ex-ministro da Marinha Maximiliano da Fonseca, em dezembro de 1987. Ele disse que, apesar das "vivandeiras de quartel", não havia possibilidade de golpe, a menos que houvesse uma grande convulsão social, além do que eleições em 1988 só serviriam para tumultuar. Esse almirante referiu-se à então ordem do dia sobre a chamada Intentona Comunista, não como uma ameaça dos ministros militares, mas como uma "advertência de cunho doutrinário" aplicável a qualquer conjuntura, e não a uma única situação[81].

Fazendo uma relação entre os pronunciamentos dos chefes militares com os "rebeldes", portanto, pode-se considerar que:

1. O discurso dos "rebeldes" é mais nítido do que o dos chefes militares, embora defendam, basicamente, o mesmo ponto de vista acerca da democracia. Isso se devia ao fato de que, "por fora" das negociações políticas, os rebeldes eles tinham mais desembaraço para se posicionarem diante da situação política.

2. Os "rebeldes" afastaram-se mais que os chefes da "postura legalista" ao defenderem abertamente a intervenção militar ostensiva não somente pelos ditos "desvios" da Constituinte, mas pela sua insatisfação quanto ao governo de transição apoiado pelos chefes, que eram nisso mais moderados.

3. A atividade política dos "rebeldes" da "linha dura" era quase tão intensa quanto a dos chefes. Nesse caso, havia um desvirtuamento da função militar nos dois grupos, o que demonstrava um alto grau de mobilização política

---

[80] FIGUEIREDO lança manifesto; qual futuro? *Jornal do Brasil*, [s. l.], 15 out. 1987, s/p. Disponível em: http://memoria.bn.br/DocReader/030015_10/149558. Acesso em: 5 maio 2020.

[81] PREOCUPAÇÃO dos militares é a mesma dos civis. *Jornal do Commercio*, [s. l.], 7 dez. 1987. Disponível em: http://memoria.bn.br/DocReader/364568_17/73908. Acesso em: 28 maio 2020.

no interior das FA. Assim, os "de fora" falavam tão naturalmente de política como os atuais chefes, sem nenhum constrangimento.

4. É sintomático que os pronunciamentos "rebeldes" fossem considerados pelos chefes militares como "normais" dentro de um país democrático. Os militares respeitavam somente as posições de um determinado grupo de sua própria corporação, mas, quando entidades da sociedade divergiam deles, sofriam seus ataques. Esta atitude demonstra o alto grau de "esprit de corps" existente e que está acima das divergências políticas internas. Trata-se então de prestigiar as FA como um todo, pois o que importa é que elas conservem seu lugar de autonomia e tutoria diante da situação. Assim, os "rebeldes", pelo mesmo motivo, prestigiavam os chefes.

5. Apesar das diferenças, a DSN continuou a ser um referencial de inspiração importante na visão de ambos os grupos. Embora houvesse distinção entre eles em deixar isso mais ou menos claro, toda vez que analisavam a conjuntura e manifestam maior ou menor disposição política para negociar. Como a DSN era uma das marcas da ditadura, os chefes tinham muito cuidado em fazer referência direta àquela.

Em articulação com os ministros militares, Sarney, várias vezes, pronunciou-se também sobre seu mandato, a forma de governo e sobre questões de sua administração que levaram à contestação de sua liderança. Ele também se tornou, em algumas delas, porta-voz das pressões militares, e agiu como a maior de todas as vivandeiras de quartel entre os políticos civis adesistas.

À medida que o isolamento político do governo foi aumentando e tomando impulso a possibilidade de eleições em 1988, o presidente passou a jogar com a seguinte alternativa: ou cinco anos ou quatro estrelas. Nesse sentido, traçou uma linha divisória entre a sociedade civil e as FA, considerando a primeira como agente dos conflitos que levariam ao caos, enquanto que as instituições militares seriam a garantia e a condução da transição política. Dessa maneira, demonstrou que bajulava os militares e politizava-os mais ainda, ao passo que dirigia para a sociedade a responsabilidade de inviabilizar a transição, com a acusação de esta tentar "subverter" as regras do jogo.

Em suas manifestações, Sarney apostou ainda no confronto com o Legislativo, escudado nos militares para viabilizar seus interesses políticos. Por todo o tempo, o presidente justificou a sua presença como obra do destino, e não como uma articulação política da "lógica do regime".

Assim, ao "vestir a farda", procurou compensar sua falta de apoio político, e isso contribuiu para aumentar os "gaps" em relação ao poder civil, que foram ocupados pelos militares. À falta de um pacto concreto, claro e explícito com todas as forças políticas para viabilizar a transição, Sarney foi alvo de pressões militares e civis, colocando-se como um frágil alvo para ambos. Criou um "imbróglio" em que se tornou, ele mesmo, um dos maiores riscos à transição. Essa situação levou a uma verdadeira crise, para a qual tantas vezes ele mesmo alertou a todos que ameaçassem a lógica do processo de transição: a crise de legitimidade.

Algumas das falas de Sarney que ilustram essas afirmações foram as seguintes:

> A transição política, no Brasil, está sendo feita com e não contra os militares... Minha luta ficou sempre entre o fantasma do retrocesso e a desgraça da violência política organizada e clandestina, como fonte de usurpação do poder... Implantaremos a democracia e seus valores, e presentes nesta tarefa, estará a contribuição decisiva das Forças Armadas, patrióticas e abnegadas no cumprimento do seu dever.[82]

---

[82] SARNEY e militares atacam Constituinte em almoço de final de ano. *Folha de S. Paulo*, [s. l.], 18 dez. 1987, s/p. Disponível em: http://acervo.folha.com.br/leitor.do?numero=10085&keyword=Sarney&anchor=4166083&origem=busca&pd=982d269d56252999e359323e6a033fca. Acesso em: 18 maio 2020.

Além de acusar os oposicionistas de quererem incendiar o país, Sarney afirmou que "Está dentro do Congresso um pequeno grupo de radicais oportunistas com o objetivo de solapar a ordem"[83]. E também que "Os trabalhos da Constituinte são substituídos por ataques pessoais e políticos, com a única finalidade de imobilizar o governo e levá-lo a situações que no passado atingiram outros presidentes". E ainda: "Se vocês estão pensando que vão me derrubar... podem tirar o cavalinho da chuva... Se tiver que ter derramamento de sangue, vai ter"[84].

Ademais, dizia Sarney que "A transição democrática atravessa instantes de apreensão. As forças civis são responsáveis por ela, se dividem, dilaceram-se, fracionam-se, num processo de autofagia que enfraquece as instituições e joga sobre a nação perplexidade e indignação"[85].

Por fim, afirmou Sarney que se deveria "Sustentar o fogo que a vitória será nossa"[86].

Nesse aspecto, parece que as expectativas de Sarney e dos setores conservadores e moderados alcançaram êxito. Como se percebe, os questionamentos sobre as funções constitucionais das FA, os limites impostos para as decisões acerca da anistia política e diversas outras questões polêmicas sobre tema da política interna e externa brasileira, que envolvia diretamente ou não os militares, seguiram sem modificações sensíveis, a fim de manter-se a transição "lenta, gradual e segura", segundo os militares e seus apoiadores, para não comprometer a dita consolidação da democracia no Brasil. Entretanto, daí em diante, a manutenção da autonomia político-institucional e uma série de prerrogativas das FA preservaram seu papel político-intervencionista e messiânico, além de sua consagração como atores políticos privilegiados em relação a diversos setores do Estado e da sociedade civil.

---

[83] SARNEY faz críticas aos civis e elogia militares. *Jornal do Brasil*, [s. l.], 17 mar. 1988, s/p. Disponível em: http://memoria.bn.br/DocReader/030015_10/159661. Acesso em: 27 maio 2020.

[84] *Idem.*

[85] *Idem.*

[86] *Idem.*

CONSIDERAÇÕES FINAIS

Aqui pretendo discutir as consequências da decisão da Constituinte sobre as FA no seguinte sentido: o resultado dessa decisão pôs em risco a democracia e aumentou os dilemas existentes para a sua construção.

Para pensar a democracia, proponho entendê-la como um permanente risco, e isso num duplo sentido. Primeiramente, como que contendo um certo e constante grau de indeterminação no processo de sua institucionalização. Em segundo lugar, pensar a democracia como um processo de permanente invenção, senão aquela corre o risco de se deteriorar, como aludido anteriormente sobre O'Donnell e Schmitter[87] e sobre Lefort[88].

As decisões da Constituinte mantiveram a influência da DSN, da indefinição de crime militar, da mudança apenas formal do CSN, o excesso e a ingerência de militares no governo, a responsabilidade pela lei e pela ordem e a consequente possibilidade real da intervenção. Somam-se a isso os demais itens da lista da vitória do "lobby" militar e suas pressões; estas continuam a existir com a mesma força e passam a ocupar-se não só do governo Sarney, mas também da sua sucessão, para atender a seus interesses e objetivos. Nesse aspecto, não houve um mínimo de mudança a partir do momento que a nova ordem constitucional foi instaurada.

A DSN, enquanto concepção ideológica que estatiza e militariza a sociedade, só pode deixar de ser hegemônica a partir do momento em que houver, no interior das FA, uma politização real de seus membros e maior abertura à sociedade civil (esta, por seu turno, precisa mostrar-se organizada e forte para dispensar abertamente a tutela militar e sua influência). Isso requer também um investimento para a transformação da educação militar, e esse é um

---

[87] O'DONNELL; SCHMITTER, 1988.
[88] LEFORT, 1987.

objetivo a ser alcançado em larguíssimo prazo, mas pode contribuir para o fim da hegemonia da DSN na corporação.

Medidas concretas para essa finalidade de desocupação militar do espaço político continuam passando por uma mudança no atual texto constitucional, que deveria ter sido feita no prazo estipulado para 1993, muito embora isso por si só fosse insuficiente para que houvesse mudanças mais profundas, pois a correlação de forças teria que ser alterada, tendo um processo de democratização mais avançado – o que, num prazo exíguo de cinco anos, parece ser muito difícil.

Entretanto, há algumas propostas para reduzir a presença dos militares na vida da sociedade brasileira. Por exemplo, Dreifuss sugeriu um conjunto delas, e pode ser enquadrado como de maior abrangência e radicalidade para modificação efetiva do estatuto atual das FA e transformá-las em FAS, repensando o paradigma e controlando as FA por meio de mecanismos legais, com maior participação e valorização da soberania popular[89].

Em contrapartida, houve quem defendesse a criação de uma representação corporativa de interesses das FA junto ao Estado, como é o caso de Fábio W. Reis. Essa proposta tem por finalidade "regular o jogo real", que se dá na atuação política autônoma dos militares, sem, contudo, consagrar a tutela; isso faria com que houvesse um tipo de representação formal na Executiva e possivelmente no Legislativo. Essa legislação poderia ser modificada na medida em que houvesse condições favoráveis para fazê-lo (W. de Góes apoia essa tese, desde que ela esteja destinada a tratar de assuntos específicos à área militar)[90].

A mudança significativa da situação das FA e que se relacionava a uma transformação mais ampla da cultura política dependia das condições políticas, por um lado, e da disposição para isso por parte da classe política. Tomando o exemplo da campanha presidencial, naquela ocasião, poucos foram os candidatos que se pronunciaram

---

[89] DREIFUSS, 1987.

[90] GÓES, 1988. *Cf* também: REIS, F. W. Consolidação da democracia e Constituição do Estado. *In*: O'DONNELL, G.; REIS, F. W. *A democracia no Brasil, dilemas e perspectivas*. São Paulo: Vértice, 1988.

a respeito dos militares. Parece que os poucos debates, ao longo da preparação da Constituição, foram os últimos momentos para essa questão, e a expectativa é a de que não tão cedo, ou muito remotamente, ela possa ser resolvida.

Nesse contexto, associado o risco da democracia com a posição conferida aos militares na Constituição da Nova República, a democracia correu risco, por conta das decisões tomadas e da permanência da tutela e da autonomia das FA.

Aqui a reflexão se volta ao debate sobre o caráter e as incertezas do processo democrático e suas possibilidades, que foram implementados com a transição política e com base no autoritarismo outrora vigente.

Segundo o que foi aludido à luz da problemática do procedimento dos atores e as possibilidades de invenção e reinvenção do próprio regime no Brasil, além de considerar-se o contexto do discurso e comportamento dos civis e militares envolvidos na elaboração da Constituição de 1988 e sua herança político-institucional, num quadro de conflitos de interesses e divisão social, pode-se vislumbrar sérios problemas causados pelo autoritarismo baseado na intervenção militar.

Assim, entendo que, segundo as normas estabelecidas para missão, preparo e emprego das FA, há o risco de que a democracia brasileira não só tenha sido desenhada numa condição bastante limitada, como também existe a possibilidade de que ela possa deixar de existir de maneira formal e/ou substantiva.

Conforme procurei demonstrar neste trabalho, é possível, enfim, dizer que a democracia existente no Brasil, ou a que passou a existir desde então, está limitada e ameaçada pelo poder militar.

REFERÊNCIAS

AGUIAR, R. *Os militares e a Constituinte*. São Paulo: Alfa Omega, 1986.

BASTOS, T. A. *O positivismo e a realidade brasileira*. Belo Horizonte, 1965. 172 p. (Coleção Estudos Sociais e Políticos: 25).

BOAVENTURA, J. A doutrina de segurança nacional. *In*: OLIVEIRA, E. R. de. *Militares, pensamento e ação política*. Campinas: Papirus, 1987.

BOAVENTURA, J. *O mito da caverna*. Rio de Janeiro: Biblioteca do Exército Editora, 1983.

CARVALHO, J. M. de. As Forças Armadas na Primeira República. *In*: HOLANDA, S. B. de (org.). *História geral da civilização brasileira*. São Paulo: DIFEL, 1986. t. III, v. 2.

COELHO, E. C. A Constituinte e o papel das Forças Armadas. *Política e Estratégia*, Rio de Janeiro, jul./set. 1985.

COELHO, E. C. *Em busca da identidade*: o exército e a política brasileira. Rio de Janeiro: J. Olympio, 1976.

COMTE, A. *Apelo aos conservadores*. Rio de Janeiro: Igreja Positivista do Brasil, 1899.

COMTE, A. *Systéme de politique positive*. Paris: Giaro & Briére, 1912.

DINIZ, E. A transformação política no Brasil: uma reavaliação dinâmica da abertura. *DADOS*, Rio de Janeiro: IUPERJ, v. 28, n. 3, 1985.

DREIFUSS, René A. *A Internacional Capitalista*. Rio de Janeiro: Espaço e Tempo, 1981.

DREIFUSS, René A. A sociedade política armada. *In*: OLIVEIRA, E. R. de et al. *As Forças Armadas no Brasil*. Rio de Janeiro: Espaço & Tempo, 1987.

DREIFUSS, René A.; DULCI, Otavio. S. As Forças Armadas e a política. *In*: SORJ, B.; ALMEIDA, M. H. T. de (org.). *Sociedade e política no Brasil pós-64*. São Paulo: Brasiliense, 1984.

ESCOLA SUPERIOR DE GUERRA (ESG). *Manual básico*. Rio de Janeiro: ESG, 1986.

FERREIRA, O. dos S. A corporação das Forças Armadas. *In*: FORTES, L. R. S.; NASCIMENTO, M. M. *A Constituinte em debate*. São Paulo: Sofia Editora, 1987.

FERREIRA, O. dos S. *Vida e morte do partido fardado*. São Paulo: Senac, 2000.

FIGUEIREDO, E. de L. *Os militares e a democracia*. Rio de Janeiro: Graal, 1980.

FREIXO, A.; RODRIGUES, T. Introdução: sobre crises e golpes ou uma explicação para Alice. *In*: FREIXO, A.; RODRIGUES, T. (org.). *2016, o ano do golpe*. Rio de Janeiro: Oficina Raquel, 2016.

GÓES, W. de. O novo regime militar no Brasil. *Dados*, Rio de Janeiro: IUPERJ, v. 27, n. 3, 1984.

GÓES, W. de. Os militares e a Constituição. Uma estratégia para a democracia. *Política e Estratégia*, [s. l.], v. 4, n. 3, jul./set. 1986.

GOÉS, W. de. Os militares e a democracia. *Política e Estratégia*, [s. l.], v. 3, n. 3, jul./set. 1985.

GOFFMAN, E. *Manicômios, presídios e conventos*. São Paulo: Perspectiva, 1987.

HUNTINGTON, S. P. *A ordem política nas sociedades em mudança*. Rio de Janeiro: Forense: Editora da USP, 1975.

LEFORT, C. *A invenção democrática*. São Paulo: Brasiliense, 1987.

MEI, E.; MATHIAS, S. K. Fuerzas Armadas y gobernabilidad en el gobierno Lula. *In*: ALDA MEJÍAS, S.; SAINT-PIERRE, H. L. (org.). *Gobernabilidad y democracia*: defensa y transiciones de Brasil y España. Santiago de Chile: RIL Editores, 2012.

MENDES, R. T. *A bandeira nacional.* Rio de Janeiro: Igreja Positivista do Brasil, 1921.

MENDES, T. *A retrogradação militarista.* Rio de Janeiro: Igreja Positivista do Brasil, 1961.

MENDES, T. *Exame do projeto de Constituição.* Rio de Janeiro: Apostolado Positivista do Brasil, 1890.

O'DONNELL, G.; REIS, F. W. *A democracia no Brasil, dilemas e perspectivas.* São Paulo: Vértice, 1988.

O'DONNELL, G.; SCHMITTER, P. *Transições do regime autoritário, primeiras conclusões.* São Paulo: Vértice, 1988.

OLIVEIRA, E. R. de. *Além da anistia, aquém da verdade:* o percurso da Comissão Nacional da Verdade. Curitiba: Prismas, 2015.

OLIVEIRA, E. R. de. *De Geisel a Collor:* Forças Armadas, transição e democracia. Campinas: Papirus, 1994.

OLIVEIRA, E. R. de. *Democracia e defesa nacional:* a criação do Ministério da Defesa na Presidência de FHC. Barueri: Manole, 2005.

OLIVEIRA, E. R. de. *Militares, pensamento e ação política.* Campinas: Papirus, 1987.

OLIVEIRA, E. R. de *et al. As Forças Armadas no Brasil.* Rio de Janeiro: Espaço e Tempo, 1987.

PAIM, A. Introdução. *In:* JUNQUEIRA, C. (org.). *A filosofia política positivista.* Rio de Janeiro: PUC-RJ: CFC: Editora Documentário, 1979. v. 1.

PERALTA, G. A. Las amenazas irregulares en la agenda de seguridad de Centroamérica. *In:* PERALES, J. R. (org.). *Reforma de las Fuerzas Armadas en América Latina y el impacto de las amenazas irregulares.* Washington, DC: Wilson Center / NDU-CHDS, 2008.

PIOTTE, J. M. *El pensamiento político de A. Gramsci.* Barcelona: A. Redondo, 1972.

QUARTIM DE MORAES, J. C. de. A função das Forças Armadas num Brasil democrático. *In*: QUARTIM DE MORAES, J. C. de; COSTA, W. P.; OLIVEIRA, E. R. de. *A tutela militar*. São Paulo: Vértice, 1987.

ROUQUIÉ, A. *O Estado militar na América Latina*. São Paulo: Alfa Omega, 1984.

SAINT-PIERRE, H. L. La construcción de la defensa en el Brasil contemporáneo. *In*: ALDA MEJÍAS, S.; SAINT-PIERRE, H. L. (org.). *Gobernabilidad y democracia*: defensa y transiciones de Brasil y España. Santiago de Chile: RIL Editores, 2012.

SILVEIRA, C. de C. Derechos humanos y violencia en Rio de Janeiro: para que sirven los militares? *In*: ALDA MEJÍAS, S.; SAINT-PIERRE, H. L. (org.). *Gobernabilidad y democracia*: defensa y transiciones de Brasil y España. Santiago de Chile: RIL Editores, 2012.

SILVEIRA, C. de C. Para que, Forças Armadas?! Alguns apontamentos sobre o uso dos militares no combate ao narcotráfico na cidade do Rio de Janeiro. *E-Premissas*, [*s. l.*]: NEE-UNICAMP, n. 1, p. 31-47, jun./dez. 2006.

SOARES, S. S. A. Las percepciones sobre amenazas y cooperación em las políticas de defensa de Argentina, Brasil y Chile. *In*: ALDA MEJÍAS, S.; SAINT-PIERRE, H. L. (org.). *Gobernabilidad y democracia*: defensa y transiciones de Brasil y España. Santiago de Chile: RIL Editores, 2012.

STEPAN, A. *Os militares*: da abertura à Nova República. Rio de Janeiro: Paz e Terra, 1986.

TREVISAN, L. *Instituição militar e Estado brasileiro*. São Paulo: Global, 1987. (Cadernos de Educação Política, n. 2).

VERÍSSIMO, J. Depoimento acerca do positivismo. *In*: JUNQUEIRA, C. (org.). *A filosofia política positivista*. Rio de Janeiro: PUC-RJ: CFC: Editora Documentário, 1979. v. 2.

Fontes primárias de pesquisa

Documentos oficiais

BRASIL. *Constituição da República Federativa do Brasil.* Brasília, 1967.

BRASIL. *Constituição da República Federativa do Brasil.* Brasília, 1988.

CÂMARA DOS DEPUTADOS. *Anais da Assembleia Nacional Constituinte.* Brasília, 1988.

Portais eletrônicos

BIBLIOTECA NACIONAL. Disponível em: www.bn.gov.br.

CÂMARA DOS DEPUTADOS. Disponível em: www2.camara.leg.br.

FOLHA DE S. PAULO. Disponível em: www.folha.com.br.

JORNAL DO BRASIL. Disponível em: www.jb.com.br.

JORNAL DO COMMERCIO. Disponível em: www.jornaldocommercio.com.br.

O ESTADO DE S. PAULO. Disponível em: www.estadao.com.br.

SENADO FEDERAL. Disponível em: www12.senado.leg.br/hpsenado.

Matérias de jornal

ASSEMBLEIA Nacional Constituinte. *Diário da Assembleia Nacional Constituinte,* Brasília, ano 1, n. 38, quinta-feira, 2 abr., 1987, p. 4-5. Disponível em: www.senado.gov.br›publicacoes›anais›constituinten°38quinta-feira,-2deabrilde1987brasília-dfassembléia. Acesso em: 20 maio 2020.

CONGRESSO vai controlar os atos do Poder Executivo Direita. *Jornal do Brasil,* [s. l.], 17 mar. 1888. Disponível em: *www2.senado.leg.br*›bdsf›bitstream›handle. Acesso em: 27 maio 2020.

CONSTITUINTE define mandato de Sarney, diz Ulysses. *Folha de S. Paulo*, [*s. l.*], 1 abr. 1988. Disponível em: www2.senado.leg.br›bdsf›bitstream›handle. Acesso em: 10 maio 2020.

Diário Oficial da União, Suplemento especial, de 26 de setembro de 1986. Disponível em: https://www.senado.leg.br/publicacoes/anais/asp/CT_Abertura.asp. Acesso em: 15 maio 2020.

FIGUEIREDO lança manifesto; qual futuro? *Jornal do Brasil*, [*s. l.*], 15 out. 1987, s/p. Disponível em: http://memoria.bn.br/DocReader/030015_10/149558. Acesso em: 5 maio 2020.

MANDATO é tema de reunião entre militares amanhã. *Folha de S. Paulo*, 10 mar. 1988. Disponível em: www2.senado.leg.br›bitstream›handle›1988_06a10deMaio_113. Acesso em: 10 jun. 2020.

MILITARES são contra mandato de quatro anos. *Jornal do Brasil*, [*s. l.*], 11 mar. 1988. Disponível em: http://memoria.bn.br/DocReader/030015_10/159193. Acesso em: 9 maio 2020.

MILITAR dá curso reafirmando doutrina de segurança. *Jornal do Brasil*, [*s. l.*], 27 mar. 1988. Disponível em: http://memoria.bn.br/DocReader/030015_10/160437. Acesso em: 2 jun. 2020.

MINISTRO acusa grupos radicais de perturbar a ordem interna. *Jornal do Brasil*, [*s. l.*], 28 nov. 1988. Disponível em: http://memoria.bn.br/DocReader/030015_10/178485. Acesso em: 13 maio 2020.

MINISTRO do Emfa defende cinco anos para Sarney. *Folha de S. Paulo*, [*s. l.*], 16 mar. 1988. Disponível em: www2.senado.leg.br›bdsf›bitstream›handle. Acesso em: 17 mar. 2020.

POLÍTICOS debatem ação militar. *Gazeta Mercantil*, [*s. l.*], 12 mar. 1987, s/p. Disponível em: www2.senado.leg.br›bdsf›bitstream›handle.1. Acesso em: 15 maio 2020.

PREOCUPAÇÃO dos militares é a mesma dos civis. *Jornal do Commercio*, [*s. l.*], 7 dez. 1987. Disponível em: http://memoria.bn.br/DocReader/364568_17/73908. Acesso em: 28 maio 2020.

SARNEY e militares atacam Constituinte em almoço de final de ano. *Folha de S. Paulo*, [s. l.], 18 dez. 1987. Disponível em: http://acervo.folha.com. br/leitor.do?numero=10085&keyword=Sarney&anchor=4166083&origem=busca&pd=982d269d56252999e359323e6a033fca. Acesso em: 18 maio 2020.

SARNEY faz críticas aos civis e elogia militares. *Jornal do Brasil*, [s. l.], 17 mar. 1988. Disponível em: http://memoria.bn.br/DocReader/030015_10/159661. Acesso em: 27 maio 2020.

SARNEY homenageia os mortos da Intentona. *Jornal do Brasil*, [s. l.], 28 nov. 1989. Disponível em: http://memoria.bn.br/DocReader/030015_10/205282. Acesso em: 24 jun. 2020.

TUTELA militar volta com Sarney e a Constituinte. *Jornal do Brasil*, 20 mar. 1988. Disponível em: www2.senado.leg.br›bitstream›handle›20a-22demarco–0017. Acesso em: 11 maio 2020.